新时代智库出版的领跑者

智库中社
国家智库报告 2023（10）
National Think Tank
国 家 治 理

治理阳泉：
党的组织力建设

周庆智　刘杨　著

YANGQUAN GOVERNANCE:
THE PARTY'S ORGANIZATIONAL CAPABILITY
CONSTRUCTION

中国社会科学出版社

图书在版编目（CIP）数据

治理阳泉：党的组织力建设／周庆智，刘杨著．—北京：中国社会科学
出版社，2023.4

（国家智库报告）

ISBN 978 - 7 - 5227 - 1717 - 3

Ⅰ.①治… Ⅱ.①周…②刘… Ⅲ.①中国共产党—组织建设—经验—
阳泉 Ⅳ.①D262

中国国家版本馆 CIP 数据核字（2023）第 068092 号

出 版 人	赵剑英
项目统筹	王 茵 喻 苗
责任编辑	王 琪
责任校对	郝阳洋
责任印制	李寡寡

出 版	中国社会科学出版社
社 址	北京鼓楼西大街甲 158 号
邮 编	100720
网 址	http://www.csspw.cn
发 行 部	010 - 84083685
门 市 部	010 - 84029450
经 销	新华书店及其他书店

印刷装订	北京君升印刷有限公司
版 次	2023 年 4 月第 1 版
印 次	2023 年 4 月第 1 次印刷

开 本	787 × 1092 1/16
印 张	15
插 页	2
字 数	201 千字
定 价	78.00 元

摘要：阳泉治理实践，以党的组织体系建设为中心，党的组织力在地方各级党政系统、城乡基层群众自治组织与地方经济社会文化各个领域全过程发挥党的领导和引领作用，从而形成政治优势和组织优势，并转化为高质量、高水平的治理能力。把阳泉个案作为"党的组织力建设"之典范，有理论与实践两个方面的预期：一是治理理论的发展诉求。亦即为中国以政党为中心的治理模式提供一个来自实践检验的案例，它能够解释和证明中国的治理实践，从而为中国治理理论的发展即概念范畴和理论体系的建构提供一个实证样本。一是治理实践的政策需求。如何把党的组织力贯彻于地方（基层）治理的创新实践中，阳泉经验提供了一个成功的案例，亦即它为推进中国国家治理体系和治理能力现代化提供一个基于基层党组织组织力建设的、地方性的、可复制的治理模式，它能够揭示中国地方（基层）治理现代化的政策实践含义。阳泉治理实践表明，以党的组织力建设为核心，实现中国地方（基层）治理体系与治理能力现代化，关键在于：一方面如何把党的组织力全方位、全过程融入/嵌入党、国家（政府）、社会三者关系领域；另一方面如何不断加强和完善党与政府的关系、党与社会的关系以及政府与市场、政府与社会的关系。这也是新时代中国特色社会主义现代化治理与治理现代化的本质要求。

关键词：阳泉；党的组织力；政治引领功能；政党中心治理模式

Abstract: Yangquan governance practice acts the premise that it is centre of construction of party's organizational system. The Party's organizational capability plays a leading and guiding role in the aspects as follows: local Party and government systems, self-governing organizations at urban and rural areas and local economic at all levels as well as the social and cultural fields. And thus the Party's organizational capability forms political and organizational advantages which transforms themselves into high-quality and high-level governance capabilities. There are two expectations to take the Yangquan case as a model of the Party's organizational capability construction. One is the developing appeal to governance theory that is to provide a case for China's political party-centeredness governance model which can explain and confirm China's governance practice, which provides an empirical sample for the development of Chinese governance theory. Therefore, it constructs a conceptual category and theoretical system. The other is the demand for policy of governance practice. Yangquan practice affords a successful case. It means that provides a local, reproducible governance model which is based on the construction of primary-level party organization for China's system and capacity for governance in the way to carry out the Party's organizational capability in the innovative practice of local and primary-level governance. Yangquan practice reveals the policy practice in the meaning of modern China local and primary-level governance. Yangquan governance practice indicates that setting the Party's organizational capability as the central is the key to realize the modernization of the local and primary-level governance system and governance ability. The two critical points lies in the facts. For one thing, it is vital how to integrate the party's organizational capability into the all-round and whole-process in the relations among the party, the state (government) and society. For another thing, it is critical how to continuously strengthen and improve the relation between the Party and the government, the relation between Party and the society, the relation between the government and the market, as well as relation between the government and the society. This is the essential requirement of modern governance and governance modernization of socialism with Chinese characteristics in the new era as well.

Key words: Yangquan; the Party's organizational capability; political guiding function; party-centeredness governance model

目　　录

前　言

（一）

之所以以"党的组织力建设"为中心阐释阳泉治理实践，是因为政党领导和引领社会治理是中国地方（基层）治理中最为核心的一种模式，这种模式不仅具备中国历史发展的制度变迁逻辑，而且，中国共产党从革命、建设到现代化，一直是国家的组织者和建设者，它不但把国家组织了起来，也把整个社会组织了起来。因此，这一治理模式更能令人信服地解释中国共产党组织和领导中国社会治理的实践经验。对这一中国特色治理模式，近些年来虽有一些理论上的探讨，但基本上还处在概念范畴的建构和理论体系的探索阶段，至今并没有一个基于实证经验研究的，完整、系统、全面的个案阐述、概括和分析。

之所以选择阳泉治理实践作为样本，是因为创新发展中的阳泉治理实践不仅具备政党领导和引领社会治理这一模式的所有特征，而且它本身就是"中共成建制创建的第一城"①，具有发生学意义上的代表性，也就是说，阳泉从建制伊始就植根于"党的组织力"之上，党的组织力乃是阳泉"元治理"的源头活水。不仅如此，改革开放至今，作为一种政党中心主义（相

---

① 中共阳泉市城区区委党史研究室：《中国共产党阳泉市城区历史》，中央文献出版社 2009 年版，第 74—76 页。

对于社会中心主义和国家中心主义而言）的治理模式，① 阳泉以党建引领基层治理创新，大力推动基层治理体系的现代建构和治理能力提升，特别是党的十八大以来，阳泉以党的组织力建设为中心，以党的组织体系建设为重点，全方位推进政府治理与社会治理体系和治理能力现代化，其丰富多样的治理创新经验对中国特色的国家治理理论发展和新时代中国社会治理实践具有重大的理论价值和政策意义。

所以，把阳泉治理实践作为"党的组织力建设"之典范，有理论与实践两个方面的预期：一是治理理论的发展诉求。亦即为中国以政党为中心的治理模式提供一个来自实践检验的案例，它能够证实（至少部分地证实）和解释（至少部分地解释）中国的治理实践，从而为中国治理理论的发展诉求即中国治理的概念范畴和理论体系的建构提供一个实证样本。二是治理实践的政策需求。亦即为推进中国国家治理体系和治理能力的现代化提供一个基于党的组织力建设的、地方性的、可复制的基层治理模式，它能够揭示中国地方（基层）现代化治理与治理现代化的政策实践含义。

（二）

"基层党组织组织力"被赋予新时代社会治理现代化的内涵，是在党的十九大报告中提出并做出完整论述的。2017 年 10

---

① 近些年来，一些学者基于中国的实践经验系统而明确地阐述了以政党为中心的治理理论，例如，"制度变迁中的'政党中心论'"（参见杨光斌《政治变迁中的国家与制度》，中央编译出版社 2011 年版，第 182—219 页）、"将政党带进来"（参见景跃进《将政党带进来——国家与社会关系范畴的反思与重构》，《探索与争鸣》2019 年第 8 期）、"政党中心的国家治理"（参见郭定平《政党中心的国家治理：中国的经验》，《政治学研究》2019 年第 3 期）。

月，习近平总书记在党的十九大报告中指出："要以提升组织力为重点，突出政治功能，把企业、农村、机关、学校、科研院所、街道社区、社会组织等基层党组织建设成为宣传党的主张、贯彻党的决定、领导基层治理、团结动员群众、推动改革发展的坚强战斗堡垒。"① 2018 年 7 月，习近平总书记在全国组织工作会议讲话中进一步指出："进入新时代，开启新征程，我们必须更加注重党的组织体系建设，不断增强党的政治领导力、思想引领力、群众组织力、社会号召力，把党员组织起来，把人才凝聚起来，把群众动员起来，为实现党的十九大提出的宏伟目标团结奋斗。"② 习近平总书记对党的组织和组织力的论述，有三个要点：一是党的组织对党的发展非常重要，组织可以使党的力量倍增；二是党的组织力主要指党的基层组织组织力；三是党的基层组织组织力建设，应突出政治功能，强化政治引领作用。

概括地讲，基层党组织组织力主要表现在三个方面：第一，基层党组织对党的路线、方针、政策所具有的宣传力和执行力。作为党在基层社会的战斗堡垒，宣传和执行上级党组织或本党组织的路线、方针、政策是基层党组织的重要职责使命，正基于此，党的十九大报告在论述基层党组织时突出强调了其政治功能。具体来说，党的基层组织要履行宣传党的主张、贯彻党的决定的职责，要正确处理好保证党的路线、方针、政策得到落实和立足实际创造性开展工作的关系。第二，基层党组织加强自身建设的能力，重点包括开展党内政治生活的能力，组织党员认真学习党的理论及学习科学、文化、法律、业务知识，对党员进行教育、管理、监督和服务，引导广大党员发挥先锋

---

① 习近平：《决胜全面建成小康社会　夺取新时代中国特色社会主义伟大胜利——在中国共产党第十九次全国代表大会上的报告》，人民出版社 2017 年版，第 65 页。
② 习近平：《在全国组织工作会议上的讲话》，人民出版社 2018 年版，第 11—12 页。

模范作用，要求党员在思想上、政治上、行动上同党中央保持高度一致。第三，基层党组织对人民群众和基层社会所具有的动员力和发展力。坚持以人民为中心的理念，将群众组织起来，从而形成经济社会发展的合力；做好群众的思想政治教育工作，及时地将党的各项方针政策传达给群众；团结群众、服务群众等，实际上就是践行党的群众路线并把它落到实处，取得群众拥护，扩大广大人民群众的参与，增强社会动员能力。

（三）

基层党组织组织力建设是中国共产党的优良传统。从中国共产党成立以来的理论创新和实践探索看，提升基层党组织组织力不仅是中国共产党夺取革命胜利、取得建设成就和改革事业成功的重要法宝，还是中国共产党加强自身建设所形成的优良传统和经验总结。

新民主主义革命时期，在党的四大上，支部作为党的基本组织被确定下来，那时就提出了"一切工作归支部"① 的口号，并制定了有利于党组织开展工作的规章制度，从而为党的基层组织建设积累了初步经验。1927 年，在"三湾改编"中，党又创造性地在军队中建立了党的各级组织，诸如将支部建在连上，连以上设党代表，营团建立党委。抗日战争时期，党在农村开辟了抗日根据地，建立了广泛的基层党组织。这一时期，为解决党内非无产阶级思想大量存在的问题，党对基层组织进行了组织整顿和思想教育，从而进一步提升了基层党组织的组织力。解放战争时期，为配合土地改革的顺利实施，党中央又通过整党、批判错误思想等方式，对基层党组织进行整顿，从而为保障解放战争取得胜利奠定了组织基础。新中国成立后，党注重增强基层党组

---

① 《中共中央文件选集》第 1 册，中共中央党校出版社 1989 年版，第 182 页。

织建设的质量，出台相关规章制度，使基层党组织工作走向规范化和制度化，如在 1951 年召开的全国组织工作会议上，就通过了《关于整顿党的基层组织的决议》《关于发展党员的决议》等文件，进一步深化了党在提升基层党组织组织力上的认识。

改革开放以来，为了适应党工作重心的转移及社会主义现代化建设的需要，党对提升基层党组织组织力的问题进行了新的探索。这一时期党主要采取以下措施来提升基层党组织的组织力：一是拓展了基层党组织的覆盖面。改革开放后，由于新经济组织和新社会组织（即"两新"组织）的迅速发展，为了适应这种新变化，党中央明确要求在"两新"组织中建立党组织，并对党组织的设置方式提出了新的要求。此后，基层党组织的覆盖面不断得到扩宽，各地先后在企业、社区、街道等领域建立了基层党组织。二是对基层党组织的功能做出了新表述。为了配合以经济建设为中心政策的落实，党中央进一步强调基层党组织的工作必须围绕经济建设而展开。党的十一届三中全会后，党的基层组织的功能开始逐渐由行政功能、专政功能转向领导功能、政治功能与服务功能。① 三是基层党组织的建设逐步走上制度化的轨道。党中央先后制定了《中国共产党普通高等学校基层党组织工作条例》《中共中央组织部关于进一步加强和改进街道社区党的建设工作的意见》等文件，从而为提升基层党组织组织力提供了制度保障。

党的十八大以来，中国共产党将提升基层党组织组织力的问题上升到一个新的高度。无论是中央八项规定的出台、反"四风"问题，还是党的群众路线教育实践活动、"三严三实"专题教育等，都在很大程度上坚定了全党的理想信念、增强了全党的"四个意识"，并使基层党组织建设宽松软状况得到极大改变。全面从严治党向纵深发展的提出，更是将重点领域指向

---

① 张书林：《党的基层组织建设 30 年：探索与启示》，《探索》2008 年第 4 期。

了基层党组织。而党的十九大报告提出"新时代基层党组织建设要以提升组织力为重点,突出政治功能"的论断,则是进一步深化了对基层党组织建设规律的认识。

党的二十大报告为加强新时代党组织建设提供了科学遵循。加强党组织建设,要推进党员干部能上能下。健全能上能下的工作机制,可以将能力强、肯奋斗的干部提拔上来,将能力差、态度差的干部调整下去。加强党组织建设,要完善党的自我革命体系。只有不断地自我革命和革新,才能使党迸发出更蓬勃的活力。完善党的自我革命就要求党始终以自我革命的精神锤炼自己,发现问题、敢于直面问题,对于党内顽疾问题要勇于亮剑,从根本上加强反腐败斗争的坚强后盾,使党在革命性锻造中更加坚强有力。加强党组织建设,要做最广大人民群众的主心骨。为人民服务是党的根本宗旨,加大改善民生的力度,努力提升群众的幸福感、获得感、满足感。要大力实施民生工程,以民生工程暖民心,切实维护群众利益;坚持把最好的资源留给人民群众,将教育资源、医疗资源等实现共享,使人民群众生活更加便利。

（四）

基层党组织组织力建设,是中国社会治理现代化的核心。这是由中国共产党在国家与社会关系中的"位置"所决定的。第一,无论从结构上还是从功能上看,作为执政党的中国共产党不同于世界政治现象中的一般政党的意义,事实上它构成了一种社会公共权力。① 第二,中国共产党既是执政力量,也是领导力量,作为执政的力量,是政治制度的实际操作者,作为领导的力量,可以不依赖政治制度即国家制度,而拥有实际的政治力量。第三,党组织自身具有相对独立性,在政府系统之外

---

① 胡伟:《政府过程》,浙江人民出版社1998年版。

存在着广大的党员以及嵌入整个社会的党的基层组织。也就是说，在国家与社会关系中，作为社会领导核心的中国共产党具有决定性的作用。这就意味着中国社会的权力关系与一般国家有很大差别，这种差别决定了不能直接用国家与社会的二分法来研究中国问题，而是要充分考虑到中国共产党作为一种特殊的政治力量在国家生活、社会生活以及国家与社会关系中的重要作用①（见图0-1）。

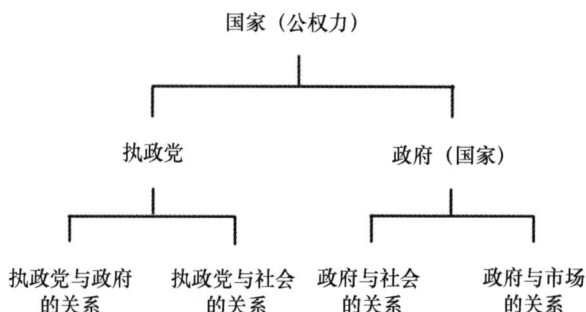

图0-1　社会治理体系的概念框架及关系范畴

也就是说，以基层党组织组织力建设为中心，实现社会治理现代化，首先就要确认政党的性质或类型，即政党与国家公权力的关系。在政党国家体制（party-state system）中，政党与国家融为一体，②在这个意义上，中国共产党"作为整体的政党"，可以被看作国家的复本（a duplication of the state），它既在国家中，也同时在社会中。换言之，国家体制的政党政治影响因素，对中国的社会政治和社会关系发挥着实质性的影响，它是国家权力、基层社会秩序的合法性来源。从世界范围看，

① 林尚立：《集权与分权：党、国家与社会权力关系及其变化》，载陈明明主编《复旦政治学评论》第一辑，上海辞书出版社2002年版，第152—153页。

② ［意］G. 萨托利：《政党与政党体制》，王明进译，商务印书馆2006年版，第71页。

政党主导型国家的基层社会治理往往以政党为中心，其关键是在基层社会治理过程中发挥政党的领导和引领作用。中国共产党是国家的组织者和建设者，它不是一个社会组织，而是中国社会的领导核心和组织核心，国家治理和社会治理以政党为组织领导核心，区别于多党竞争的代议制治理模式（以国家中心主义、社会中心主义或个人中心主义为理论基础），它是一种建立在民主集中制原则基础上的政党中心主义的社会治理模式，也就是说，政党领导和引领社会治理是当下中国地方（基层）治理中最为核心的一种模式，它塑造了一个不同于一般现代国家与社会关系的、新型的国家与社会关系的结构形式。

（五）

本书的研究客体是"阳泉市"，但它不仅仅是一个城市的概念，而是一个"大阳泉"的概念，总体特质是乡土社会，资源丰富但产业单一，具备中西部地区经济社会发展水平的典型意义。

阳泉隶属山西省，国土面积 4559 平方千米，常住人口 131.85 万人。现辖平定县、盂县、郊区、城区、矿区 5 个县区，以及 1 个阳泉高新技术产业开发区，共有 31 个乡镇、620 个行政村、11 个街道、157 个社区。①

本报告以阳泉党建引领基层治理实践为样本，对阳泉市在党的组织力（政治领导力、思想引领力、群众组织力、社会号召力）建设方面的创新实践探索，展开系统调查，进行全面分析，并指出阳泉治理实践所具有的理论价值和现实政策意义。

阐释中国地方（基层）治理创新实践，需要明确这样一个

---

① 本书中阳泉市的相关数据或情况，均来自作者 2022 年在阳泉市调研中获取的资料。余不赘述。

支配性的、结构性的影响变量，就是党、社会、国家三者关系的变化，尤其是党在国家与社会关系范畴中的位置，决定了国家与社会关系的性质。换言之，在国家与社会关系中，渗透着党与国家（政府）的关系以及党与社会的关系，把握了这一基本关系，就能够把握中国地方政府治理体系现代建构的整个过程。换言之，从政党政治的角度看，政党的目标追求和实践活动涉及对国家权力的掌控与运用，以及对整个国家体系和社会体系的领导与治理。这对政党的领导能力和治理能力都有着特殊的要求，对自身组织体系的科学构建和高效协作也有着更高的要求。政党不仅要领导和管理自己的组织成员，还要带领组织成员去管理国家和社会等，所以，党的组织力这一概念涵括政党所应具备的领导能力、执政能力、管理能力和组织能力的综合内涵。政党这一主导性的关键特征对本研究具有重大的方法论意义，也就是说，在阐释以党的组织力为中心的阳泉治理创新实践时，对党、国家与社会三者之间的关系必须加以通盘的考虑，而党政关系与国家—社会关系的联结是考察这一问题的具体进路。因此，在本研究中，党、政府（国家）、社会三分框架或三组关系将成为阐释阳泉党的组织力建设及其治理创新实践的认识范式和分析维度（见图0-2）。

　　本书从三个结构部分对基层党组织组织力建设进行阐述：一是政治领导力，亦即以政治功能为中心，履行宣传党的主张、贯彻党的决定的职责，正确处理好保证党的方针政策得到落实和立足实际创造性开展工作的关系，强化政治引领作用。二是思想引领力，重点包括开展党内政治生活的能力，组织党员认真学习党的理论及学习科学、文化、法律、业务知识，对党员进行教育、管理、监督和服务，引导广大党员发挥先锋模范作用，要求党员在思想上、政治上、行动上同党中央保持高度一致。三是群众组织力与社会号召力。这种能力集中体现在"组织群众、宣传群众、凝聚群众及服务群众"等方面。组织群众

国家与社会

|

党政体制
（国家公权力＝政党＋政府）

|

党

政府 ←————→ 社会

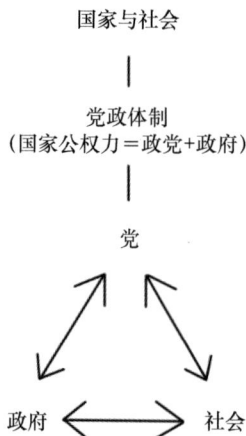

图 0 - 2　党—政府（国家）—社会的关系维度

就是要充分发挥党的社会号召力，将群众组织起来，从而形成经济社会发展的合力；宣传群众就是要做好群众的思想政治教育工作，及时地将党的各项方针政策传达给群众；凝聚群众就是要将群众团结起来；服务群众就是要坚持以人民为中心的理念，牢牢维护群众的正当权益。

　　本书采用的具体研究方法，包括定性研究方法与定量研究方法。定性研究方法涉及的具体研究方法包括：（1）个案研究法。对阳泉市具有代表性的创新实践进行实地调研，并对个案进行比较研究。（2）深度访谈法。就典型性或普遍性问题，对不同的城乡（镇）社区，进行深度访谈，深化对专项问题的认识。（3）文本分析法。对阳泉关于基层党建工作的文本材料进行比较分析。定性研究方法能够对研究对象进行深入的、本质关联方面的把握，能够获得研究现象背后的逻辑因果关系。但定性研究方法在代表性和一般性方面具有局限性，为了克服这一点，本书采用调查问卷方法的定量研究方法，并对更大范围内的阳泉基层党组织组织力建设情况做了一般性的归纳、概括和分析，这个工作在一定程度上弥补了定性研究方法的不足。

　　本书的资料来源由三个部分构成：一是实地获取的调研资

料，包括访谈、座谈会、专题调研、现场参与观察方面获得的资料。二是文本资料，包括所调研城乡（镇）提供的文本资料以及其他有关基层治理工作方面的文本资料；有关政策文件，包括党政系统对党建引领基层治理现代化要达到的奋斗目标、遵循的行动原则、完成的明确任务、实行的工作方式、采取的一般步骤和具体措施等方面的重要讲话和政策要求等文件。三是问卷调查数据资料，以及阳泉市党政相关部门的经济社会发展统计资料。

一　阳泉治理实践：党的组织力
建设与中国基层治理现代化

　　阳泉治理实践，是以党的组织力建设为中心的治理创新实践，所谓"党的组织力"，是指中国共产党动员、组织和整合人民群众、党员干部以及社会组织以贯彻落实党的路线、方针、政策的力量。其关键是在社会治理过程中发挥党的领导和引领作用。

　　中国社会治理实践以执政党为中心，后者主要通过三个维度即组织嵌入、价值引领、资源整合在社会治理过程中发挥政治领导和政治引领作用。中国政党政治这个"根本性特性"，规定了中国社会治理现代化范畴的现代政治社会秩序的原则和依据，它的组织基础与社会基础，以及公共权威与公众的关系及社会整合和社会组织管理方式。作为领导中国社会发展的核心力量，中国共产党不仅是国家政治生活的领导核心，而且是中国社会的组织核心。所以，在中国社会，国家与社会关系的变化是在党、国家和社会三者关系的框架内展开的。进一步讲，理解中国社会以党的组织力为中心的社会治理现代化，需要明确这样一个支配性的、决定性的、结构性的影响变量，那就是党、社会、国家三者关系的变化，尤其是党在国家与社会关系范畴中的位置，决定了国家与社会关系的性质。在国家与社会关系中，渗透着党与国家（政府）的关系以及党与社会的关系，把握了这一基本关系，就能够把握以政党为中心的中国社会治理的整个过程及其决定性力量。

因此，在讨论阳泉治理实践时，需要明确以政党为中心的治理模式理论和现实的合法性来源。或者说，阐释中国社会治理现代化，必须考虑这样一个具有决定性、全局性、背景性或框架性的关键因素：国家体制的政党政治影响因素对中国的社会政治和社会关系发挥着实质性的影响，它是国家权力、基层社会秩序的合法性来源。在明确上述结构性、根本性问题之后，我们才能够正确地对阳泉治理创新实践做出恰当的总结、概括和分析。

（一）中国共产党的组织力

作为政治组织的政党，对一个国家的政治生活和社会发展产生及其重要的影响。按照马克思主义理论，政党是代表一定阶级、阶层或集团的利益，旨在执掌或参与国家政权以实现其政治纲领的政治组织。作为政治组织，政党与权力的关系密切相关，诚如哈维·福格森所言："一切权力产生于组织，一切组织的目的，乃在谋求其权力。……一切政治力量，均必依赖与出自于组织。"① 也就是说，组织力来自组织的权威和力量，包括政党在内的各种政治组织都有着自己的权威和力量，这些权威和力量，构成了政党组织力的基础性来源。

1. 何为政党组织力？

政党的最主要目标是参与或执掌国家政权以实现其政治纲领，政党的目标追求和实践活动涉及对国家权力的掌控与运用，以及对整个国家体系和社会体系的领导与治理。这一切，对政党的领导能力和治理能力有着特殊的要求，对其自身组织体系

---

① 转引自赵晓呼《政党论》，天津人民出版社 2002 年版，第 94 页。

的科学构建和高效协作也有着更高的要求。因此，所谓政党组织力，亦即政党不仅要领导和管理自己的组织成员，还要带领组织成员去管理国家和社会，换言之，政党组织力，指的是政党组织高效协作以提升其领导力或执政力的一种力量。

中国共产党的组织力内涵，因党的目标在不同历史时期的调整而有不同的阐释。（1）无产阶级（工人阶级）组织力。按照马克思主义理论，无产阶级（工人阶级）不同于其他阶级的一个鲜明特点就在于它的"组织性"，"工人阶级的力量在于组织。不组织群众，无产阶级就一事无成。组织起来的无产阶级就无所不能"①。中国共产党等无产阶级政党，是工人阶级先锋队组织，它的发展和革命目标的实现都必须紧紧依靠工人阶级的力量。因此，中国共产党成立后，就非常注重工人阶级的组织力。《中国共产党第二次代表大会宣言》（以下简称《宣言》）指出："所以工人们时常要记得他们是一个独立的阶级，训练自己的组织力和战斗力。"② 也就是说，党早期强调的组织力，指的是工人阶级（无产阶级）的组织力，即工人阶级组织自己的能力以及组织起来所具有的革命力量。（2）党的组织力。早期中国共产党人在非常注重工人阶级组织力的同时也注重党的组织力，同时发现党一直存在着组织力薄弱的问题。1929年2月7日，中共中央在《给毛泽东、朱德等的信》中指出，"故党的战斗力组织力虽经六次大会正确路线的指导终还未健全起来"③，对党的组织力较弱有着较为清醒的认识。因此，到1930年3月18日，红军总前委发出的《前委通告（第三号）》指出："红军到了这些县内，要有计划地帮助原有红色区域的党及群众

① 《列宁全集》第14卷，人民出版社2017年版，第121页。

② 《建党以来重要文献选编（1921—1949）》（第一册），中央文献出版社2011年版，第134页。

③ 《建党以来重要文献选编（1921—1949）》（第六册），中央文献出版社2011年版，第34页。

去组织政权，建设武装，分配土地，加强党与团体的组织力和战斗力。"① 这里所说的党的组织力，指的是党发动和组织群众，建立革命政权的能力。（3）"革命的组织力"和"政治组织力"。1930 年 9 月，党的扩大的三中全会通过的《组织问题决议案》中指出："党在苏维埃区域要反对农民群众中散乱无组织的倾向反映到党里来，并且党还应教育和领导群众，使他们能逐渐习惯于无产阶级的原则，习惯于苏维埃政权的使用，以加强革命的组织力。"② 这里的"革命的组织力"泛指一切革命的主体组织起来所形成的革命力量，强调农民等非无产阶级要有严格的革命组织性。没有这种组织性，就不会形成强大的革命力量。1937 年，毛泽东在《矛盾论》中指出："日本的军力、经济力和政治组织力是强的，但其战争是退步的、野蛮的，人力、物力又不充足，国际形势又处于不利。中国反是，军力、经济力和政治组织力是比较地弱的，然而正处于进步的时代，其战争是进步的和正义的，又有大国这个条件足以支持持久战，世界的多数国家是会要援助中国的。"③ 这里所说的"政治组织力"，指的是两国政府的政治动员、政治宣传、政治组织的能力和力量。

2. 新时代党的组织力建设

党的十八大以来，习近平总书记多次论述了党的基层组织组织力问题。2014 年 1 月，习近平总书记在第十八届中央纪律检查委员会第三次全体会议上的讲话中指出："党的力量来自组

---

① 《建党以来重要文献选编（1921—1949）》（第七册），中央文献出版社 2011 年版，第 497 页。

② 《建党以来重要文献选编（1921—1949）》（第七册），中央文献出版社 2011 年版，第 497 页。

③ 《毛泽东军事文集》第 2 卷，军事科学出版社、中央文献出版社 1993 年版，第 277 页。

织，组织能使力量倍增。"① 在这里，习近平总书记论述了党的组织与党的力量之间的关系，指出组织能使力量倍增。2016 年 2 月 4 日，习近平总书记在中央政治局常委会会议审议"两学一做"学习教育方案时指出，要"必须激活基层党组织，增强基层组织力"②。习近平总书记正式提到基层组织组织力问题，强调要把基层党组织激活起来，真正发挥战斗堡垒作用。2017 年 10 月，习近平总书记在党的十九大报告中再次指出："要以提升组织力为重点，突出政治功能，把企业、农村、机关、学校、科研院所、街道社区、社会组织等基层党组织建设成为宣传党的主张、贯彻党的决定、领导基层治理、团结动员群众、推动改革发展的坚强战斗堡垒。"③ 这是习近平总书记对基层党组织组织力最为完整的一段论述。论述强调了两点：一是基层党组织建设要以提升组织力为重点，明确了基层党组织建设的主题和重要任务；二是突出了基层党组织的政治功能，强调基层党组织的政治引领作用。党的二十大报告指出，中国式现代化，是中国共产党领导的社会主义现代化。全面建设社会主义现代化国家、全面推进中华民族伟大复兴，关键在党。作为执政党，要始终赢得人民拥护、巩固长期执政地位。坚持和加强党的全面领导，把党的领导落实到党和国家事业各领域各方面各环节，确保我国社会主义现代化建设正确方向，确保拥有团结奋斗的强大政治凝聚力、发展自信心，集聚起万众一心、共克时艰的磅礴力量。党的二十大报告对新时代党的组织力建设做出了完整、全面的阐释，对实现国家治理体系与治理能力现代化具有根本性意义。

---

① 《习近平谈治国理政》，外文出版社 2014 年版，第 395 页。

② 《习近平关于全面从严治党论述摘编》，中央文献出版社 2016 年版，第 36 页。

③ 习近平：《决胜全面建成小康社会　夺取新时代中国特色社会主义伟大胜利——在中国共产党第十九次全国代表大会上的报告》，人民出版社 2017 年版，第 65 页。

　　总之，中国共产党领导是中国特色社会主义最本质的特征，是中国特色社会主义制度的最大优势。从政党政治的角度来理解中国共产党组织力的内涵，中国共产党强调的组织力更多的是从工人阶级及其政党具有特殊的组织性和超强的组织能力这一点来阐释的，而且侧重指向党的基层组织。新时代中国共产党组织力的内涵可以表述为：中国共产党动员、组织和整合人民群众、党员干部以及社会组织以贯彻落实党的路线、方针、政策的力量，它一般包括政治领导力、思想引领力、群众动员力、组织驾驭力、社会号召力。概言之，以党的组织力建设为中心，推进社会治理现代化，乃是坚持和完善中国特色社会主义制度、推进国家治理体系和治理能力现代化的总体要求。

（二）以政党为中心的治理模式

　　党的组织力最终要表现在政党领导和引领社会治理的实践过程中，这就是以党的组织体系建设为重心，建构以政党为中心的社会治理模式。从比较政党研究和政治实践上看，在政党主导型的国家中，政党与国家融为一体，它既在国家中，也同时在社会中。政党如何领导和引领基层社会治理就自然成为政党主导型国家治理中的核心问题。因此，在政党、国家、社会之间的复杂关系中，以政党为中心的社会治理模式就成为主导性的核心模式。在这种治理模式中，基层社会是政党长期执政的根基，同时也是政党与社会之间最直接的联系点，所以，政党需要/主要通过组织嵌入、价值引领和资源整合三个维度，来实现其对基层社会治理的领导和引领，亦即政党领导和社会参与相互协调，共同实现社会的"善治"（good governance）。

　　进一步讲，对于以政党为中心的社会治理模式来说，执政党的持续执政乃是一个核心的变量。保持并巩固执政地位，就要依靠组织，因为权力和权威是组织力量的来源。换言之，实现并确立政党领导和引领能力的组织力主要有三个重要维度：一是组织嵌入；二是资源整合；三是价值引领。组织嵌入是集体行动得以实现的组织保障，也是政党领导和引领基层社会治理的核心所在；资源整合是克服集体行动困境的有效办法，是基层参与和决策的动力系统；价值引领可以为多元参与提供激励，是保障基层治理有效运行的长久之策。① 这三个维度共同发挥作用，保障了基层社会治理中政党政治引领功能的实现，因为它能够解决基层社会治理中多元主体共同参与所导致的"集体行动的困境"② ——个人不会组织起来为集体的共同利益采取行动。进一步讲，以上三个维度之间的关系是一种相互促进、有机整合的关系。组织嵌入是政党引领基层社会治理的基础，因为没有组织保障，政党在社会结构中就会呈现出"悬浮化"的态势。组织嵌入为资源整合和价值引领提供了基础保障。尽管后两种维度的表现形式和实践效果会有所不同，但彼此之间能够相互促进、相互补充。因此，资源整合和价值引领是调动社会治理主体参与积极性、解决"集体行动的困境"的两种有效形式。

中国社会治理是以政党为中心的治理模式，亦即以政党为中心的治理模式能够有效地解释中国的治理实践。进一步讲，在这个治理模式中，党政军民学，东西南北中，党是领导一切的，而"党的领导必须是全面的、系统的、整体的，必须体现到经济建设、政治建设、文化建设、社会建设、生态文明建设和国防军队、祖国统一、外交工作、党的建设等各方面"③，换言之，推动中国的社会治理现代化，一方面要巩固优势，加强

① 梁海森、桑玉成：《政党中心的基层社会治理模式比较研究——基于新加坡、马来西亚和越南的案例分析》，《国际观察》2021 年第 3 期。

② ［美］曼瑟尔·奥尔森：《集体行动的逻辑》，陈郁等译，上海人民出版社 2006 年版。

③ 《习近平关于"不忘初心、牢记使命"论述摘编》，党建读物出版社、中央文献出版社 2019 年版，第 119 页。

党政机关、人民团体、企事业单位、农村、街道社区等的党建工作，建立健全党组织发挥领导作用和组织功能的制度规定；另一方面要拓展阵地，探索发挥好党组织在新经济组织、新社会组织等新兴业态以及新的社会群体中的作用，不断扩大党的组织和党的工作对经济社会发展各领域的覆盖。上述目标的实现则取决于党的组织力建设。

中国共产党的组织力——政治领导力、思想引领力、群众组织力、社会号召力，主要是通过组织嵌入、价值引领与资源整合来实现并达致"善治"的。换言之，基层社会治理的核心要义就是多元主体的共同参与，治理中的难题就在于"集体行动的困境"。组织嵌入是"集体行动"得以实现的组织保障，也是政党领导和引领基层社会治理的核心所在；资源整合是克服"集体行动困境"的有效办法，是基层参与和决策的动力系统；价值引领也可以为多元参与提供激励，是保障基层治理有效运行的长久之策。这三个维度共同保障了基层社会治理中政党领导和引领能力——政党组织力的实现（见图1-1）。

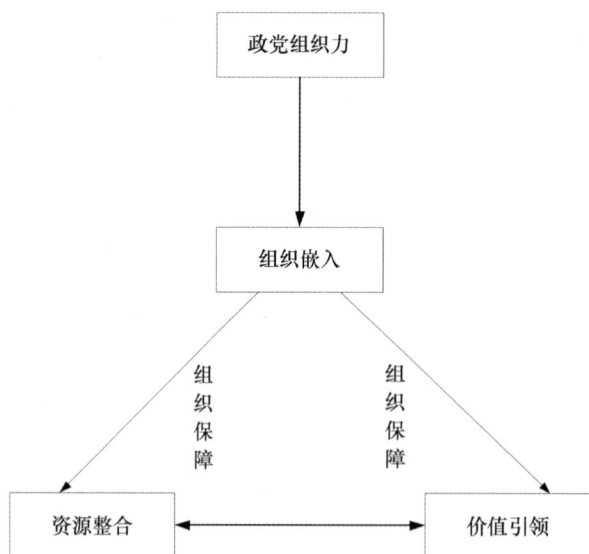

图 1-1　政党领导和引领基层社会治理的理论框架

第一，所谓"组织嵌入"，是指基层党组织与基层政权、社会组织、群众组织等之间的关系，特别是党组织如何把自己有机嵌入现有的社会结构。除国家权力机构外，在经济社会文化等领域，组织嵌入的具体形式是多种多样的，但通常可分为两类：第一类是在现有社会结构中组建党组织，加强党组织在社会各系统中的直接领导，强调党组织与社会结构之间的直接融合；第二类是党组织通过其附属（外围）组织、其他社会组织等形式间接地把自己融入既有的社会结构。换言之，如果说政府组织（国家权力）在公共治理中更多起着执政党的决策作用，那么党的基层组织在许多没有政府组织的社会领域担负着公共治理的责任，发挥着组织核心和领导核心的作用。在中国社会，基层党组织覆盖社会的各个领域，① 它们虽非国家公权力的组成部分，却是执政党和政府的施政工具，在各自范围内发挥着政治领导、组织动员和落实政策的作用。也就是说，在社会治理意义上，党组织比政府部门在公共治理中的作用更大。一方面它在各类社会组织中发挥着领导核心作用；另一方面它能够也应该成为在基层公共组织（政府）与个体民众之间发挥沟通、协商和整合作用的社会政治角色。从域外经验看，在政党主导型国家中，例如越南、新加坡、马来西亚等国，社会治理中政党的组织嵌入程度决定了执政党根基的稳定性，因此多数国家都极为重视基层组织建设，② 中国的社会治理则把"党的组织力建设"作为其基层党建的中心工作与社会治理创新实践的核心

① 2022 年《中国共产党党内统计公报》数据显示，截至 2021 年 12 月 31 日，全国 9034 个城市街道、29649 个乡镇、114065 个社区（居委会）、491129 个行政村已建立党组织，覆盖率均超过 99.9%。全国共有机关基层党组织 74.5 万个，事业单位基层党组织 94.9 万个，企业基层党组织 153.2 万个，社会组织基层党组织 17.1 万个。

② 梁海森、桑玉成：《政党中心的基层社会治理模式比较研究——基于新加坡、马来西亚和越南的案例分析》，《国际观察》2021 年第 3 期。

任务。改革开放四十多年的社会治理实践一再地证明了这一点。①

第二，所谓"资源整合"，是指基层党组织通过整合一定范围内的各种资源，实现社会主体共同参与基层社会治理的目标。也就是说，资源整合既需要党组织整合基层社会中现有的各种力量，也需要向基层社会注入新资源，这些资源既可以是经济上的支持，也可以是政策、服务或者公共物品的供给。比如，国家实施的"美丽乡村建设""脱贫攻坚""乡村振兴"等以项目制为依托的财政转移支付形式；再比如，基层社会治理中的"社区党群服务中心"、区域化党建，还有提供公共产品与公共服务以及地方就业机会的接受各种政府补贴的农村集体经济组织形式等，都是资源整合的有效实践形式。因此，资源整合是政党领导和引领能力最直接的表现形式，整合目标能否实现的关键在于其组织保障以及整合机制的有效性。

第三，所谓"价值引领"，是指政党的基层党组织如何在社会中传输特定政治价值和文化观念，通过价值引领来增强民众对政党的认同和提高民众参与公共事务的积极性。从中国的历史、基本国情和执政党起源方式上看，近现代后，政党政治将意识形态转化为社会整合力量，担负起社会凝聚与社会组织的功能，政党基层组织发挥意识形态的社会价值整合作用。进一步讲，在政党国家体制中，政党既嵌入在国家权力结构之中，也全面渗透于社会领域当中。这一事实带来了两层递进的变化：首先作为公权力的国家概念在外延方面增添了新的要素；其次国家公权力的概念变化传导到国家与社会关系分析范畴。② 比如，基层党组织具备执政权资源和传统权威资源，既可以通过政

---

① 周庆智：《改革与转型：中国基层治理四十年》，《政治学研究》2019 年第 1 期。

② 景跃进：《把政党带进来：国家与社会关系的反思与重构》，《治理研究》2019 年第 1 期。

府渠道来治理社会，也可以对社会发挥直接的影响，或者说，基层党组织不仅要扮演一个社会治理角色，还要完成向社会政治中介角色的性质转变，使自己成为村社共同体利益的代理人和乡村社会政治秩序的守护人，发挥"道德理想与社会制度合一"的意识形态整合功能和作用，这其中，政党党员成为新的政治文化载体和社会组织者，担负着把意识形态道德化或将意识形态与制度理性结合起来的任务，这样一种社会政治角色功能的转变则要求它的党员必须扎根于乡村社会基础及其权力关系结构的本质关联当中。基层社会治理中的价值引领形式可以丰富多样，一方面可以坚持政党自身的意识形态；另一方面也可以突出地方文化特色，例如一些地方发挥乡贤文化在地方治理中的作用就取得了很好的成效，其他地方也有利用"红色文化"或地方传统文化进行价值引领的做法。在这里，共享的价值文化一旦形成，多元主体共同参与社会治理将会形成良性循环的局面。

综上所述，中国共产党领导是中国特色社会主义制度的最大优势。以政党为中心的治理模式，就是中国共产党通过组织嵌入、价值引领、资源整合这三个维度，来加强党的政治领导力、思想引领力、群众组织力、社会号召力建设，形成强大的组织力量，以实现党的十九届四中全会提出的党委领导、政府负责、民主协商、社会协同、公众参与、法治保障、科技支撑的中国特色的社会治理体系和治理能力的现代化目标。

（三）阳泉治理实践与党的组织力建设

阳泉市党建引领基层治理能力提升的创新实践，比较完整、全面地诠释了中国共产党组织力建设的核心内涵，是"以政党为中心的治理模式"的典型。不仅如此，作为中国中西部地级市所具有的"典型性"和代表性，阳泉市以党的组织力建设为中心的社会治理创新实践还具有极其突出的国家治理理论意义和现实政策启示意义。

首先，我们把阳泉的创新实践放置于新中国成立后尤其是改革开放以来的政治、经济、社会结构变化的大背景下来理解和解释，这样我们才能完整、准确、全面地理解和概括阳泉市以基层党组织组织力为核心的治理创新实践的真正含义。

新中国不仅建立了社会主义国家政权，而且对中国社会的组织方式进行了全面改组，形成了以党的组织为轴心、以单位体制为架构的社会组织模式。这种社会组织模式成为党领导中国社会的重要组织基础。① 改革开放后，市场经济的发展在改变社会的权力结构的同时，也改变了社会的组织方式，单位制的社会组织架构开始衰弱，社区制的社会组织架构开始形成；与此相应，行政化的单位管理逐渐失去主导地位，而自治化的社区管理的地位和作用日益凸现。这个结构性变化从一定意义上讲，改变了党领导国家、组织社会的组织体系和活动空间。也就是说，在新的历史条件下，党就不可避免地面临这样一个基本问题：如何在变化了的社会中，既能适应和推动社会的正常发展，又能保持应有的领导地位和作用。进一步讲，在不断变化和发展的社会大背景下，这种新的格局对党的生存基础、领导体制和执政方式提出了全面性挑战。现实的发展决定了党对国家和社会的领导不能用传统的领导体制和领导方式来实现，否则，不但党的领导和执政将面临危机，国家与社会发展也将面临危机。因而，在新的党、国家与社会关系格局下，作为领导核心的中国共产党，就必须探索实现党、国家与社会共生共强的领导体制和执政方略。换言之，解决这个问题的关键是党如何以组织体系建设为重心，依据现代社会发展的规律，全面有效地协调与国家、社会的关系，形成良性的共生共强的格局，

---

① 林尚立：《当代中国政治形态研究》，天津人民出版社 2000 年版，第 312—322 页。

这就要求党必须把工作重心放在组织力建设上。

2018年7月，习近平总书记在全国组织工作会议讲话中指出："进入新时代，开启新征程，我们必须更加注重党的组织体系建设，不断增强党的政治领导力、思想引领力、群众组织力、社会号召力，把党员组织起来，把人才凝聚起来，把群众动员起来，为实现党的十九大提出的宏伟目标团结奋斗。"① 2017年10月18日，习近平总书记在党的十九大报告中进一步指出："党的基层组织是确保党的路线、方针、政策和决策部署贯彻落实的基础。要以提升组织力为重点，突出政治功能，把企业、农村、机关、学校、科研院所、街道社区、社会组织等基层党组织建设成为宣传党的主张、贯彻党的决定、领导基层治理、团结动员群众、推动改革发展的坚强战斗堡垒。"② 纵观习近平总书记对党的组织和组织力的论述，可以得到三点认识：一是党的组织对党的发展非常重要，组织可以使党的力量倍增；二是党的组织力主要指党的基层组织的组织力；三是党的基层组织的组织力建设，应突出政治功能，强化政治引领作用。根本上讲，上述认识是面对变化了的政治、经济、社会情况，从维护党的执政地位和党的自身建设出发，突出以基层党建为中心实现基层治理现代化的战略要求。

下面我们将以党的组织体系建设为中心，从政治领导力、思想引领力、群众组织力、社会号召力这四个方面，来理解和阐述阳泉市以党的组织力建设为中心推动经济社会全面发展和治理体系与治理能力现代化的实践经验，及其在国家治理理论与现实政策方面的意义（见图1-2）。

---

① 《习近平在全国组织工作会议上的讲话》，人民出版社2018年版，第11—12页。

② 习近平：《决胜全面建成小康社会　夺取新时代中国特色社会主义伟大胜利——在中国共产党第十九次全国代表大会上的报告》，人民出版社2017年版，第65页。

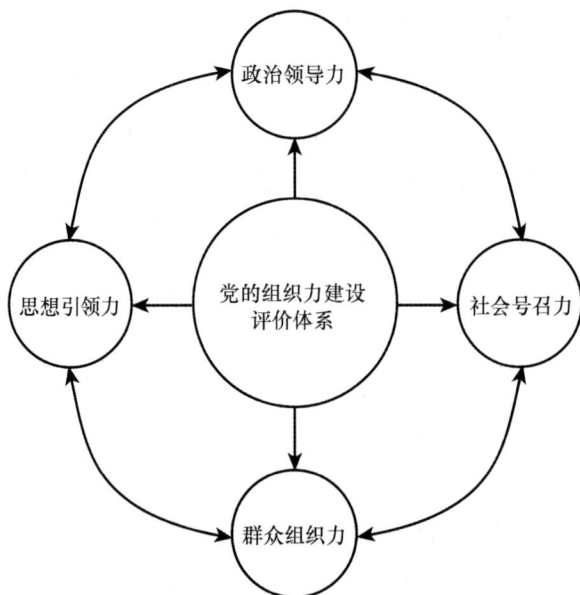

图 1-2 党的组织力建设评价体系结构

党的十八大以来，阳泉市委、市政府以党的组织体系建设为中心，以党建引领基层治理创新为方向，大力推进社会治理体系与治理能力现代化。尤其是 2021 年以来，市各级党组织认真贯彻落实好市第十三次党代会精神，推动"14510"① 总体思

① "1"即以全方位推动高质量发展为中心任务；"4"即做到"四个坚持"，坚持以产业强市为本，坚持以开放活市为要，坚持以生态立市为基，坚持以文化兴市为魂；"5"即"五大定位"，打造资源型城市绿色转型的先行示范，融入京津冀协同发展的重要节点，城乡一体共同富裕的市域样板，拱卫首都的生态走廊，红色引领的文化高地；"10"即实施"十大战略"：一是实施工业赋能育新战略，构建多业支撑、多链互补的绿色低碳产业新体系；二是实施数字经济优先发展战略，塑造弯道超车、换道领跑的新优势；三是实施服务业扩容提质战略，打造业态高端、消费升级的新支撑；四是实施创新引领战略，培育潜力激发、活力涌流的新生态；五是实施营商环境首位战略，营造改革牵引、服务一流的发展新环境；六是实施开放格局重塑战略，拓展优势互补、合作共赢的新空间；七是实施全域协调战略，探索城乡一体、共同富裕的新路径；八是实施生态筑基战略，建设山清水秀、绿色发展的新典范；九是实施红色领航战略，铸就文化特质鲜明的新高地；十是实施民生提质战略，绘就幸福安定、自信自豪的新画卷。

路和部署全面落实，下大力气增强各领域基层党组织政治功能和组织力、凝聚力，为全方位推动高质量发展提供了坚强组织保证。

近年来，阳泉市以加强基层党组织建设、增强基层党组织政治功能和组织力为关键，注重抓基层、打基础。以党的组织体系建设为重点，阳泉的治理创新实践突出政治功能，以高质量基层党建推动全方位高质量发展。实地调研表明，阳泉市在党的组织力建设方面，深刻把握基层党组织是贯彻落实党中央决策部署的"最后一公里"，坚持大抓基层的鲜明导向，持续整顿软弱涣散的基层党组织，有效实现党的组织和党的工作全覆盖，抓紧补齐基层党组织领导基层治理的各种短板，不断提高基层党组织的政治领导力、思想引领力、群众组织力、社会号召力，把广大人民群众紧紧团结在党的周围，把各领域基层党组织建设成为实现党的领导的坚强战斗堡垒。阳泉的治理创新实践可以概括为如下几个方面。

第一，政治领导力居于统领地位。政治领导力是党对各种政治力量、政治现象的影响力。它主要体现为把控方向性、原则性、根本性问题的能力及其运作的效果，实际上就是在这些问题上表现出来的政治定力、政治导向和政治引领力。党员干部的政治能力是党具有强大政治领导力的关键所在。党的领导的执行主体是各级领导干部，党的政治领导力与领导干部的政治能力具有内在统一性，增强党的政治领导力要求领导干部不断加强政治历练、提高政治能力，担负起党和人民赋予的职责使命。领导干部提高政治能力，要在提高政治胜任力上下功夫，自觉把讲政治融入党性锻炼全过程，始终不忘初心、牢记使命，善于从政治上观察和处理问题，在任何时候、任何情况下都要做到政治信仰不变、政治立场不移、政治方向不偏，始终做政治上的明白人，切实具备相应的政治领导力。

第二，思想引领力居于基础地位。思想引领力是巩固群众团结奋斗的引导能力，也是党的生命力和战斗力的重要基础。思想引领力主要体现为党推进理论创新的能力以及在此基础上用党的创新理论武装头脑、统一思想、指导实践、抵御错误思潮的能力。党之所以能够不断历经艰难困苦创造新的辉煌，很重要的一条就是始终重视思想建党、理论强党，坚持用科学理论武装广大党员干部的头脑，使全党始终保持统一的思想、坚定的意志、强大的战斗力。学习习近平新时代中国特色社会主义思想，不断提高全党的理论思维能力和思想政治水平，是党的思想引领力建设的首要政治任务。具体来说，就是始终坚持问题导向，围绕基层治理面临的重大现实问题、重大思想理论问题、人民群众关心关注的热点难点问题，积极引领时代发展，凝聚思想共识。立足于时代、立足于实践，深化理论研究、讲好党的故事、推进话语创新，做到为党的建设实践发声、为时代发声，回应党的建设的需要和关切、回应时代发展的需要和关切，从党的建设的实践中、从时代的发展中寻找党建话语创新的源泉、动力与支撑，将党与时俱进的精神和品格贯穿于党建话语塑造的全过程，不断增强党的思想引领力。增强党的思想引领力是基础工程，为政治领导力运筹帷幄提供理论指导，为群众组织力和社会号召力开拓前行提供方向。

第三，不断增强党的群众组织力。群众组织力是党依靠群众、动员群众和组织群众进行中国特色社会主义建设的能力，是党长期执政能力和国家治理能力的具体体现。紧紧依靠群众、积极发动群众、有效组织群众历来是党的政治优势，是党的群众路线的重要体现，直接关系党的路线、方针、政策的落实和工作成效。新时代党的群众组织力主要体现为党依靠群众、发动群众、组织群众推进"四个伟大"、实现"两个一百年"奋斗目标的能力。增强群众组织力，是党对群众作用、群众工作的深刻认识和精准把握，是新时代推动改革发展的坚实基础和力量源泉。提升群众组织能力是加强党的政治领导力、思想引领力和社会号召力建设的重要任务和内在要求。政治领导力的根本要求就是提高为人民服务的能力，群众是思想引领和社会号召的主要对象，只有组织群众的能力提升上去了，才能更好实现思想引领和社会号召。

第四，不断增强党的社会号召力。党的社会号召力主要体现为党对社会各个阶层、不同群体、各方力量的号召能力，这种号召能力具体体现为影响能力、动员能力、引导能力和凝聚能力等。党的社会号召力是提升党的政治领导力、思想引领力和群众组织力建设的精神动力和源泉保证。增强党的社会号召力，要适应当今社会思想多样化、利益多元化、就业方式和生活方式多样化的新特点，用共同价值追求和奋斗目标感召鼓舞人。同时，还应根据信息时代群众心理与思维方式的变化，创新政治传播的话语表达方式，加强舆论引导，通过软性价值渗透增强党的社会号召力，最广泛地动员社会力量，创造性地全面提升党的社会号召力。

总之，阳泉市以基层党组织组织力建设为中心，以党的组织系统建设为重点，通过组织嵌入、价值引领和资源整合三个维度，实现党对基层社会治理的领导和引领。在这一治理创新实践中，一是基层党组织把自己有机嵌入现有的社会结构。一方面它在各类社会组织中发挥着领导核心作用；另一方面它能够成为在基层公共组织（政府）与个体民众之间发挥沟通、协商和整合作用的社会政治角色。在基层党组织与基层政权、社会组织、群众组织等之间的关系方面，党的组织体系建设得到巩固和强化。二是基层党组织通过经济上的支持、政策、服务或者公共物品的供给等方式，整合一定范围内的各种资源，实现共同参与基层社会治理的目标。三是基层党组织在社会中传输政治价值和文化观念，通过价值引领来增强群众对党的认同和参与公共事务的积极性。阳泉治理创新实践表明，党的组织力——政治领导力、思想引领力、群众组织力、社会号召力这四种能力的建设是一个紧密联系、相互促进的有机整体。换言之，党的组织力体现在整个政治、经济、社会系统的各个方面，阳泉治理有针对性地加强各自领域的能力建设，切实形成以党建为中心推动基层治理现代化的强大领导力。

二 组织体系建设为重点的 政治领导力

党的政治领导力是党的领导力的核心范畴，具体而言就是党把握方向、把握大势、把握全局的能力，以及保持政治定力、驾驭政治局面、防范政治风险的能力。这一方面是中国共产党作为最高政治领导力量的内在要求，另一方面又是坚持与发展中国特色社会主义事业的本质要求。

阳泉加强党的政治领导力，以组织体系建设为重点，从思想建党、组织建党、制度治党等方面，切实强化政治功能，突出政治影响，从根本上增强基层党组织的凝聚力和号召力。

（一）思想建党为根本

思想建党所要解决的根本问题，说到底就是对马克思主义的信仰、对社会主义和共产主义的信念这个命脉和灵魂问题，也就是理想信念的问题。因为，中国共产党是按照列宁建党思想建立起来的马克思主义政党，注重从思想上建党，是党长期加强党的建设一以贯之的重要历史经验，也是区别于世界其他一切政党的最鲜明特征。

党的十八大以来，习近平总书记在思想建党上着眼于强化思想信念，强调从严治党，首先要坚定党员干部的理想信念。他把理想信念称为共产党人精神上的"钙"，理想信念坚定，骨头就硬，没有理想信念，或理想信念不坚定，精神上就会"缺钙"，就会得"软骨病"，就可能导致政治上变质、经济上贪婪、道德上堕落、生活上腐化，所以理想信念动摇是最危险的动摇，理想信念滑坡是最危险的滑坡，从而要求全党筑牢信仰之基、补足精神之钙、把稳思想之舵，拧紧世界观、人生观、价值观这一"总开关"，任何时候都不能动摇理想信念这一"压舱石"，不能丢思想政治建设这个看家本领。对党员、干部来说，思想上的问题，最根本的就是要在思想上入党，思想建党着眼于以理想信念为核心补足精神之"钙"。要牢牢抓住理想信念这个思想建党的核心关键，把思想政治建设始终摆在首位。坚持不懈地用党章党规规范广大党员干部的言行，用中国特色社会主义理论体系武装基层党员干部和普通群众，深入开展党员、干部教育培训，让广大党员、干部深刻了解党走过的艰难历程，坚定对党和社会主义的信念，真正做到知党、爱党、护党、兴党，永远跟党走；用习近平新时代中国特色社会主义思想武装头脑、融入灵魂，真正使学习贯彻的过程成为提升党性修养、思想境界、道德水平的过程，成为完善工作思路、破解工作难题、提升工作水平的过程；牢固树立政治理想，正确把握政治方向，坚定站稳政治立场，严格遵守政治纪律，推动全党深刻领悟"两个确立"的决定性意义，增强"四个意识"、坚定"四个自信"、做到"两个维护"，更加自觉地团结在以习近平同志为核心的党中央周围，为实现新时代党的历史使命、实现中华民族伟大复兴的中国梦而不懈奋斗。

党的二十大报告指出，必须全面加强党的思想建设，坚持用新时代中国特色社会主义思想统一思想、统一意志、统一行动，组织实施党的创新理论学习教育计划，建设马克思主义学习型政党。加强理想信念教育，引导全党牢记党的宗旨，解决好世界观、人生观、价值观这个总开关问题，自觉做共产主义远大理想和中国特色社会主义共同理想的坚定信仰者和忠实实践者。坚持学思用贯通、知信行统一，把新时代中国特色社会主义思想转化为坚定理想、锤炼党性和指导实践、推动工作的强大力量。坚持理论武装同常态化长效化开展党史学习教育相结合，引导党员、干部不断学史明理、学史增信、学史崇德、学史力行，传承红色基因，赓续红色血脉。在全党深入开展主题教育。坚持不懈用新时代中国特色社会主义思想凝心铸魂。用党的创新理论武装全党是党的思想建设的根本任务。

阳泉以思想建党为根本，把党员干部培训作为提升党的政治领导力的重要抓手。阳泉党员干部的学习培训主要包括三方面的内容：第一，学思想。在思想学习中，党员干部接受各种形式的组织生活和专门化的培训，通过学习党史等以提高使命感和担当感，提升红色信念；通过学习时代思想等以把握当下，抓住当下时代发展要求，树立正确方向；通过学习各类会议精神以紧跟中央要求，领会精神、把握细节，避免方向错误，提升政治觉悟。第二，学知识。在知识学习中，党员干部学习各类知识，特别是管理科学知识及与其职能相关的专业知识。自改革开放伊始，党员干部管理科学知识的学习就被纳入党员干部学习培训的重要内容，成为提升党的政治领导力的关键方式，也是党组织的组织能力与国际接轨的重要途径。第三，学经验。在经验学习中，党员干部向老干部、本地先进干部和其他地区有经验的干部学习，在学习中掌握后者积累的深厚的实践经验，并且在实践中借助后者的经验以解决其在日常工作中面对的实际问题。以老带新是中国共产党的优良传统。在当下，这一优良传统能够极大的赋能党的政治领导力建设，既实现党员和党组织内部的团结，又提升党员和党组织在治理实践中产生的具体效能。只有在党员干部的学习培训中充分结合学思想、学知识和学经验，才能真正提升党组织的治理能力，推动政治水平和业务水平共同提升，实现理论和现实相结合，稳步增强党的政治领导力。

在实践中，阳泉市建立了多层级多类别的精细化党员干部培训体系，着力提升党员干部的政治认知和工作能力，让党员干部培训工作同阳泉市丰富的红色资源相结合，推动"传帮带育"的良性培训链条，优化党员干部经验传承体系，注重在干部培训中引入智力资源，让理论和实践在党员干部培训中相结合，以党员干部培训充分赋能党的政治领导力建设，取得了良好的效果。

（1）干部培训。阳泉市创新打造"顾问团、导师团、指导团"队伍，健全"传帮带育"全链条培养。"传"实践经验、工作经验，以"树样板、学典型、强管理、促提升"为主题，聘请99名村（社区）优秀党组织书记组成市、县两级导师团，在全市基层单位开展导师团成员上讲台培训。"帮"解决难题，市、县乡村振兴导师团和社区治理导师团成员每人包联2—3个重点村（社区），强调精准结对，详细掌握村（社区）情况，谋划好规划引领、示范带动，确保帮扶部署落地落实。"带"实干队伍，重点聚焦基层工作经验相对不足、群众工作能力相对薄弱的年轻干部等群体，组织全市357名基层经验丰富的指导团成员（老支书、老模范、老干部）全面融入指导村（社区）的基层治理，"手把手"帮助现任村（社区）干部理思路、提能力。"育"模式创新，持续深化运用省校合作成果，邀请中国人民大学、南京大学、北京师范大学、北京联合大学、中国社会科学院等高校专家学者组成顾问团，分别对接5个县区，进行顶层设计和深度规划。

（2）干部教育。2022年上半年，阳泉市完成省级以上调训16期次，调训干部85人次。举办党政领导干部学习贯彻党的十九届六中全会精神专题研讨班，培训市直部门主要负责人136名；举办市委党校春季主体班3期，包括第6期县级干部读书班、第14期中青年干部班、"墩苗"干部能力提升培训班，培训人数120名；举办抓党建促基层治理能力提升专题系列示范培训班 8 期，培训各级、各类干部 8000 余名；阳泉革命传统教育学院接待市内省内培训 14 期次，累计培训 1000 余人次；组织全市 2.8 万余名干部参加"山西干部在线"网络学习；举办全市年轻干部谈基层治理座谈会；成立"乡村治理导师团""社区治理导师团"。

在大抓党员干部培训方面，阳泉各区县都有一些结合实际的创新做法。典型如平定县的专班干部培训。平定县为了切实做好抓党建促基层治理能力提升专题培训工作，提升各级党员干部做好基层治理工作的素质本领，推动全县抓党建促基层治理能力提升专项行动各项任务落地落实，制定了党员专班干部培训计划。

（1）"13612"精细化分层分类培训。"13612"精细化分层分类培训坚持"全面部署抓集训、三级书记抓轮训、六个专班抓专训、十二类对象靶向训"，切实提升全县抓党建促基层治理的能力和水平。通过全面部署抓集训，实现县、乡、村三级分别召开抓党建促基层治理能力提升工作部署培训会，切实将省委、市委、县委的部署要求传达到每个层级、每位党员，真正把握工作方向、掌握核心要义、推动贯彻落实；通过三级书记抓轮训，县、乡、村三级书记要走上讲台亲自授课，以乡村振兴、行政执法、应急管理、平安建设、疫情防控、清廉建设和党建工作等为重点，通过以会代训、专项培训等方式，帮助基层治理骨干进一步理清思路、掌握方法；通过六个专班抓专训，推进组织建设、乡村基层治理、城市基层治理、集体经济、考核评价、数字赋能六个专班围绕目标任务、解读实现路径，以点带面推动各项行动有效开展；通过十二类对象靶向训，力求全县各级领导干部、村（社区）负责人、各专班工作人员、各项专项行动参与的工作人员以及村（居）民代表进一步统一意识，明确要求，掌握要领，同向发力，自觉有力推进抓党建促基层治理能力提升工作落实落地。在"13612"精细化分层分类培训的要求下，平定县成功开展了业务骨干专题培训、农村集体资产"清化收"工作专题培训等系列培训活动。

（2）"1＋12＋N"专项行动。平定县共有12个乡镇、社区，237个村（社），"1＋12＋N"专项行动要求全县各级领导干部、各乡镇（社区办事处）班子成员、站所负责人、各职能部门参与专项行动的工作人员、农村（社区）两委主干、驻村干部、选派干部、大学生村官等参与培训，集中学习。"1＋12＋N"专项行动将就专项行动的主要目标、方法步骤、落实举措做专题辅导；重点安排专项行动的系统化政策讲解，关于乡村振兴、社会治理的理论解读，壮大新型农村集体经济、网格治理、数字赋能等专项工作的业务辅导。在县党委的带领下，12个乡镇、社区办事处要自行召开动员会将相关精神传达到237个村（社）。来自各个乡、镇、村、社区的基层干部通过培训提高工作认识，明确工作要求，掌握工作步骤，全方位提升各级领导干部、乡村干部做好抓党建促基层治理能力工作的信心，在全县营造抓党建促基层治理能力提升专项行动的良好氛围。

（二）组织建党为核心

习近平总书记在全国组织工作会议的讲话中强调："要做到信念坚定、为民服务、勤政务实、敢于担当、清正廉洁。要以队伍建设强基固本，以造就高素质干部队伍为重点加强组织建设，打造一支有铁一般信仰、铁一般信念、铁一般纪律、铁一般担当的干部队伍，建设高素质执政骨干。"[1] 这为组织建党指明了正确方向。

---

[1] 《十八大以来重要文献选编》（上），中央文献出版社2014年版，第131页。

　　党的二十大报告指出，严密的组织体系是党的优势所在、力量所在。各级党组织要履行党章赋予的各项职责，把党的路线、方针、政策和党中央决策部署贯彻落实好，把各领域广大群众组织凝聚好。坚持大抓基层的鲜明导向，抓党建促乡村振兴，加强城市社区党建工作，推进以党建引领基层治理，持续整顿软弱涣散基层党组织，把基层党组织建设成为有效实现党的领导的坚强战斗堡垒。全面提高机关党建质量，推进事业单位党建工作。推进国有企业、金融企业在完善公司治理中加强党的领导，加强混合所有制企业、非公有制企业党建工作，理顺行业协会、学会、商会党建工作管理体制。加强新经济组织、新社会组织、新就业群体党的建设。注重从青年和产业工人、农民、知识分子中发展党员，加强和改进党员特别是流动党员教育管理。落实党内民主制度，保障党员权利，激励党员发挥先锋模范作用。严肃稳妥处置不合格党员，保持党员队伍先进性和纯洁性。

　　阳泉紧紧抓住组织建党这个核心，在创新党组织设置上下功夫，合理调整党组织设置，牢固树立大党建理念，推进基层党组织从单位向区域延伸、从传统领域向新型领域延伸、从实体向网络延伸，不断筑牢服务型党组织的组织基础；在配优选强基层党支部书记上下功夫，严把政治关，切实发挥示范带头作用；在规范基层组织管理制度上下功夫，积极构建县乡村三级服务体系，建立稳定的经费保障机制，夯实服务群众的物质基础。继续深化对基层党建工作特点和规律的研究，不断加大基层党建创新力度，切实增强党建工作的感染力、凝聚力。

　　阳泉市大抓党员干部队伍治理能力提升，高度重视党员发展工作，注重党员的先进性和代表性，积极根据具体情况要求推动党员结构合理化，通过建设硬实力以提升党的政治领导力。

　　截至2021年底，阳泉市党员总数为119539名，比2020年底增加 1429 名，增幅为 1.21%。其中，35 岁及以下党员 17488 名，占党员总数的 14.63%，比上年提高 0.33 个百分点；女党员 30392 名，占党员总数的 25.42%，比上年提高 0.82 个百分点；大专及以上学历党员 58468 名，占党员总数的 48.91%，比上年提高 1.44 个百分点。从职业分布看，工人 16121 名，占 13.49%；农牧渔民 24367 名，占 20.38%；企事业单位、民办非企业单位、社会组织专业技术人员 13302 名，占 11.13%；企事业单位、民办非企业单位、社会组织管理人员 16777 名，占 14.03%；党政机关工作人员 7639 名，占 6.39%；离退休人员 32912 名，占 27.53%；其他职业人员 8330 名，占 6.97%。2021 年，全市共发展党员 3230 名。其中，发展 35 岁及以下党员 2011 名，占 62.26%；发展女党员 1343 名，占 41.59%；发展具有大专及以上学历的党员 2578 名，占 79.81%；发展学生党员 111 名，占 3.44%。

组织建党为核心，提升党的政治领导力，必须要建设一支完善的党员干部队伍。进一步讲，优化党的政治领导力，首先要求党员干部具有广泛的代表性，要求党员质量和党员数量的优化改善，要求党组织适时的更新。值得注意的是，在实践中，着力改善党员干部结构，并不必然一味地强调"党员年轻化""党员高学历化"等的脱离实际的要求。实际上，优化党员结构必然是一个实践的问题，也只能是一个实践的问题。在中国，党发挥着总揽全局、协调各方的领导核心作用，而中国社会具有高度复杂性、多样性和差异性，这必然使得实现政治领导力提升这一目的对党组织成员的要求也同样是复杂而多样的。如何更新党组织、如何改善党组织成员结构，要回答这一问题就必须基于实践，必须结合区域、对象和主要事务进行具体问题具体分析。例如，对于青年人集中的新兴社区和高科技企业，应当着重完善以青年人为主的党组织，注重发挥青年党员对于青年话语、青年生活的熟悉性对提升党组织政治领导力的作用；

对于某些经济落后地区，可以适当调整党组织成员结构，例如采取向个别村的基层党组织派出拥有能力、知识和资源的第一书记的方式以提升党组织政治胜任力，在合理调整党员结构的基础上推动地方经济发展；在一些老年人较多、传统影响较强的乡村地区，应当高度重视老年党员的作用，积极发挥老年党员在本村本地中具有丰富地方性知识和积累深厚的社会资本的优势，充分调动老年党员这一乡村治理的关键变量的积极性，让老年党员成为党组织的中坚力量和政治领导力提升的有力抓手，不能简单追求党员的年轻化和党员的高学历化，否则必然只会适得其反。

党员和党组织的数量、规模和结构是党"硬实力"的重要体现，[1] 只有打好硬实力的基础，党的政治领导力才能有建立和完善的源头。在社会转型时期，党员结构规模变化面临着内、外两方面的风险和挑战。外在风险方面，如何处理好价值多元化和党的领导的关系、全球化背景和党治理能力提升的关系，是建立良性党员结构必须要回答的问题。内在风险方面，年轻党员增多既是党组织活力的体现，又对党组织关于优良组织作风和优秀组织思想文化传承的工作提出了新的要求；高学历党员增多有利于推动党内民主有序发展，但如何克服党组织成员精英化带来的负面影响是一个值得关注的问题；流动党员数量增多是市场经济体制下的必然结果，而有效实现党员组织化管理、有效保障党员先进性是未来党员管理的重点难点；非公有制党员增加有力扩大了党的执政基础，而与此同时坚固党的阶级基础成为必须处理好的政治要求。[2]

党政系统自身组织建设直接关系到党的"硬实力"。中共阳

---

① 黄清迎：《新时代党的政治领导力提升的内涵、缘由和路径分析》，《理论导刊》2018 年第 10 期。

② 彭升、林猭：《党员结构变化带来的问题及对策》，《人民论坛》2012 年第 26 期。

泉市直属机关工作委员会下辖直属党组织102个（党委15个、机关党委23个、党总支30个、党支部34个），基层党组织690个，共产党员12072名。所辖党组织除市直机关单位外，还包括医疗单位、部分企业，其中管理权限在主管部门、组织关系在地方的垂管单位有17家。机关党建在提升党的政治领导力过程中起到提纲挈领的作用，机关党建质量，直接关乎党在执政过程中统揽全局的实际力量。习近平总书记指出："机关党的建设是机关建设的根本保证。"① 在新形势下加强机关党的建设，要"着眼于党的建设'五位一体'的总体布局，在遵循规律中塑造机关党建工作新常态，始终把思想建设摆在首位，塑造机关党建思想领先新常态，塑造机关党建组织巩固新常态；坚持作风建设永远在路上，塑造机关党建作风优良新常态；'常'抓'长'抓反腐倡廉建设，塑造机关党建廉洁执政新常态；全方位全过程加强制度建设，塑造机关党建制度管党治党新常态"②。只有把基层党组织建成坚强堡垒，只有不断加强党的政治领导力建设，才能增强党的政治领导本领和执政能力。而机关党建则是政治领导力建设的重要环节，是实现党对一切工作领导的关键所在。在机关党建中，阳泉市着力提升机关党建能力，将"讲政治"和"提能力"相结合，让提升党建效果和提升工作能力之间形成良性循环，注重实现机关党建对于政治领导力建设的放大器作用。

第一，深入学习习近平总书记"做好'三个表率'、建设模范机关"指示精神，坚决贯彻省直工委和市委创建"五型机关"要求，年初党的工作会议总体安排，半年工作推进会提出针对性要求，进行以"如何推进'五型机关'创建工作的有效落

①　习近平：《在中央和国家机关党的建设工作会议上的讲话》，《求是》2019年第21期。

②　王芝华：《在遵循规律中塑造机关党建新常态——学习习近平总书记关于机关党的建设重要论述》，《理论导刊》2015年第6期。

实"为题的辅导授课，专题部署推动、开展交流座谈、组织观摩学习、跟进督促指导、汇编经验做法，有效推进"模范机关"创建工作。山西省直工委专门发函表扬，指出阳泉市直机关工委"模范机关"创建初见成效，有效提升机关党建质量和治理效能，有力推动市直机关在各项工作中走在前、作表率，在全省模范机关创建上走在了前列，具有较强的示范引领性。

第二，为进一步推动"学习强国"平台学用常态化，深化市直机关党员干部理论武装，持续掀起学习贯彻山西省第十二次和阳泉市第十三次党代会精神学习热潮，组织开展"用好'学习强国'平台，以学促干推动全面贯彻落实省、市党代会精神百题知识竞赛"，活动坚持线上与线下相结合、知识与趣味相结合、比赛与传播相结合，规模大、规格高、参与面广，共计1391个单位参与，总浏览量18113人次，参与答题人数11430人次，收到良好效果。活动情况被"学习强国"平台专题刊发，受到市委书记批示认可。

第三，旗帜鲜明讲政治，严密组织、稳妥操作，按照新冠肺炎疫情防控要求，采取视频会议形式，设置4个会场，举办市直机关党员代表会议，严格按照"三上三下"程序要求，零差错、高标准完成出席阳泉市第十三次党代会111名代表的选举工作，为市第十三次党代会胜利召开奠定基础。圆满完成省第十二次党代会代表选举和全省出席党的二十大代表推荐提名工作。

第四，隆重庆祝建党百年，精心组织"学党史颂党恩厚植红色基因蹚新路开新局庆祝百年华诞"经典革命歌曲传唱活动，活动为期两个月，因疫情原因，未组织最后现场决赛，创新形式采取到各单位录制后在阳泉广播电视台播出，并在官方微信平台展播的形式广泛开展，展示传唱活动排演成果，推介市直机关各单位工作情况和环境氛围，展现机关党员干部良好精神风貌，在社会上引起强烈反响，有效凝聚起推动阳泉全方位高质量发展的磅礴力量。

机关党建的独特性在于，其他一切党组织的工作都是首先面向群众的，如各类基层自治组织中的基层党组织、国企中的党组织和非公有制企业当中的党组织。但是，机关党委本身是针对党的，亦即其工作对象是重点针对广大党员干部的，这就使得机关党建在党建全局中居于十分重要的地位。然而，在现实中，机关党建工作常常是一块党建短板。其组织关系复杂，易于导致领导、指导和管理关系不清的情况，大大减弱了机关党建的赋能效果；机关的高度专业化与党建的普遍化之间的关系不易处理，导致许多地方的机关党建往往成为"两张皮"，无法有效发挥党的领导的积极影响。阳泉充分完善机关党建，提升机关党组织工作效能，理顺机关党建和业务工作之间的关系，完善机关党建制度规范，在党建体系下准确定位机关党建，充分发挥机关党建在党建体系下的作用，提升机关党建效能，让机关党建在实践中真正发挥提升党的政治领导力的作用。

（三）制度治党为保障

制度治党，是法治思维和法治方式在党的建设领域的体现和运用，主要是依靠制度管党治党，解决的是管党治党常态化、长效化的问题。制度治党着眼于织密制度之网，把权力关进制度之"笼"。从严治党，必须有坚强的制度做保证，扎紧制度的"笼子"，以制度治党、管权、治吏。实践一再证明，制度问题不解决，思想问题就难以解决。思想问题的解决需要制度来保障，思想建设的成果需要制度来落实。对此，习近平总书记强调："从严治党靠教育，也靠制度，二者一柔一刚，要同向发力、同时发力"[1]，坚持思想建党和制度治党紧密结合。这一新

---

① 《习近平关于全面从严治党论述摘编》，中央文献出版社 2016 年版，第 104 页。

思想新要求，具有重大的理论创新价值和实践指导意义。党的十八届六中全会审议通过的《关于新形势下党内政治生活的若干准则》和《中国共产党党内监督条例》，将以习近平同志为核心的党中央全面从严治党思想理论和实践经验系统化、规范化、制度化，就是制度治党的标志性成果。党的二十大报告强调指出，完善党的自我革命制度规范体系。坚持制度治党、依规治党，以党章为根本，以民主集中制为核心，完善党内法规制度体系，增强党内法规权威性和执行力，形成坚持真理、修正错误，发现问题、纠正偏差的机制。健全党统一领导、全面覆盖、权威高效的监督体系，完善权力监督制约机制，以党内监督为主导，促进各类监督贯通协调，让权力在阳光下运行。推进政治监督具体化、精准化、常态化，增强对"一把手"和领导班子监督实效。发挥政治巡视利剑作用，加强巡视整改和成果运用。落实全面从严治党政治责任，用好问责利器。

当前，既要进一步发挥思想建党的保障、引领和激励作用，又要发挥制度治党的约束、规范和提升作用，坚持思想建党把党的制度建设成果内化于心，制度治党把思想建党的基本原则外化于行，为巩固和深化思想建党的成果提供有力保障。党的十九大再次强调，把制度建设贯穿党的政治建设、思想建设、组织建设、作风建设和纪律建设之中。习近平总书记提出，既抓思想又抓制度，二者要紧密结合，强调思想教育要结合落实制度规定来进行，制定制度要广泛听取党员、干部意见，使加强制度治党的过程成为加强思想建党的过程，也使加强思想建党的过程成为加强制度治党的过程。这一重要思想彰显了辩证唯物主义哲学观，揭示了思想建党和制度治党相互依存、相互渗透、相互促进的辩证关系，深化了我们党对马克思主义执政党建设规律的认识，为保持和发展党的建设理论的先进性、时代性注入了新活力。

全面从严治党，必须充分发挥纪检监察体系的作用，从严治党，提升党的治理效能。完善纪委监察工作，促进纪检监察工作落实有力、开展有效，这既是提升党执政能力的要求，也是维护党执政地位的要求。权力是把双刃剑。中国共产党处于全面领导的地位，责任重大。如果不完善权力制约能力、规范权力制约体系，就会产生严重的后果。党不仅要受到法律体系和政治制度体系的权力制约，也要在内部实现有效的权力制约。纪检监察者是关键少数，只有在法治环境下充分发挥这些关键少数的作用，让纪检监察深入党组织日常实践，让纪检监察充分发挥实效，才能有效处理党组织内部存在的各类问题，避免党组织腐化，提升党组织的凝聚力。

在新形势下，有效推进纪检监察工作，规约权力运行机制是永葆纪检监察工作活力和进一步提升我们党执政合法性、更好地继续执政的重要课题。①但是，必须指出的是，当前我国纪检监察体系建设仍有较大的发展空间，如何建立有力的纪检监察体系是当前仍然必须面对的问题。如何确定好纪检干部的组织关系，如何确保纪检干部自身公正廉洁，如何提升纪检干部的专业化能力水平，如何提升纪检监察权威，如何保障纪检监察体系执行有力，如何实现纪检监察体系与法律体系的有效对接，都关乎纪检监察体系的具体效能。要解决当前我国纪检监察体系中存在的问题，首要做法应当是积极完善纪检监察体制，推动纪检监察体系在法治化结构下运行，理顺纪检部门的组织关系。只有这样，才能让纪检监察体系在党的政治领导力建设中发挥积极作用。

阳泉市将推进纪委监察工作作为提升党的政治领导力的基础所在，采取多种形式提升纪检监察工作质量，创新纪检监察工作方法，推动思想教育和纪律教育相结合，推动纪检监察工

---

① 于学强、周浩集：《制度视角下纪检监察工作存在的问题与对策》，《湖南师范大学社会科学学报》2014 年第 4 期。

作规范化、法治化，健全纪检监察工作体系和制度规范，增强纪检监察人员的思想水平和工作能力，在多个层次推动纪检监察工作联动发展，让纪检监察工作不仅在党内发挥有效作用，也在党外产生积极影响。

阳泉市纪委监委机关党委在市纪委常委会和市直机关工委的坚强领导下，以党的政治建设为统领，紧紧围绕"四个聚焦"精准发力和反腐败、促发展、保民生、树清风十二字工作思路，持续加强纪检监察机关党建规范化、法治化、正规化建设，更好发挥监督保障执行作用，认真谋划部署，稳步推进落实，各项工作取得较好进展，不断推动了党建工作全面晋位升级，为纪检监察工作高质量发展提供坚强思想引领和组织保证。阳泉市纪检监察工作的主要创新实践活动有以下几个方面。

第一，聚焦思想政治建设，把准方向树信念。开展"人人讲党史、周周微党课"活动，带领大家在感悟中抒发情怀；利用"学习强国"等线上载体，组织观看"红色电影"、播放历史故事、诵读经典等活动，带领大家在历史中锤炼党性。理论和实践相结合，提升思想觉悟。为引导党员干部在理论知识中筑牢信仰之基，在实践中补足精神之钙。带领党员干部赴百团大战遗址公园、建市初期市委市政府办公场所等红色教育基地实地参观学习，寻找红色记忆，重走先烈足迹，使党员干部"学史明理、学史增信、学史崇德、学史力行"的理想信念更加坚定。2022年以来，书记带头讲党课2次、班子成员讲党课9次，支部书记带头讲专题党课15次，机关党委督学30余次，各党支部集中学90余次，党员撰写心得体会总数达1400余篇。

第二，聚焦支部规范化建设，精准定位强管理。机关党委把加强支部标准化、制度化和规范化建设作为支部建设的切入点，在"三化并举"上强管理：一是组织建设标准化。严格按照《中国共产党章程》《中国共产党基层组织选举工作条例》规定的选举程序，补选了机关委员会委员；为更好地发挥党组织的职能作用，结合新一届纪委班子工作分工及岗位人员变动情况，对党支部书记及委员进行调整，对部分支部进行撤销、改组和新增，由原来的 10 个支部增设为 13 个支部；为加强群团组织统筹协调管理，指导青工委、妇委会、机关工会组织开展换届和出缺增补工作，按照规范标准，进一步健全了党组织机构，打造了一批组织放心、党员信任、群众满意的好班子好队伍，确保了党建工作的连续性和实效性。二是组织管理制度化。为了提升支部规范化管理水平，做到有制度可循、有制度可依，2022 年机关党委研究制定了《临时党支部制度》《常态化谈心谈话》《党支部集中学习制度》等，明确支部管理细则和工作要求，明确集体和个人学习时间，明确谈心谈话方式和方法，使支部管理更加精细化。三是日常工作规范化。为推进支部党建工作提质升级，为支部定制了学习记录本、小组记录本和谈心谈话记录本等，下发"一表八册"工作簿和支部日常工作报送清单，严格工作台账、规范学习记录，并对支部基础工作进行定期督促指导；开展党费收缴系统培训，准确核查党员党费收缴情况，规范收缴流程，全年按规定时间全额上缴党费，进一步规范了支部日常工作。四是活动阵地标准化。按照市委老干局下发的《关于开展老干部党支部标准化规范化建设实施方案》要求，于 2021 年 10 月 27 在阳泉城区"金三角"社区挂牌成立老干部党支部活动中心。老干部党支部活动中心的设置严格按照"六个基本"规范化要求，打造了"六有"党建活动室，达到了全市"三好"标准，市委机关党组织工作逐步走向标准化、制度化和规范化。

第三，聚焦队伍建设，瞄准靶心葆本色。机关党委把党员教育管理、夯实党的执政基础作为加强党员队伍建设的着眼点，在"三道关"上强队伍。一是把好党员入口关。机关党委注重从源头确保党员质量，积极组织入党积极分子及发展对象参加全市培训班，对发展对象进行严格摸底考察，将 10 名纪检监察干部培优入党；为准确摸清党员底数，开展党员信息采集工作，对入党积极分子、普通党员个人信息进行严格核对把关，并建立了党员电子档案，在最短时间里实现了183名党员信息"快速查"、党员管理"无死角"的良好局面。二是把好党员教育关。机关党委对党员的教育严格执行"三会一课"制度，从党史学习教育中不断激发党员自身学习能力，将学习教育抓在经常、融入日常。从警示教育中不断提升党员干部的履职能力，学习贯彻《关于部分纪检监察机关失密泄密和严重违规案例的通报》等文件；组织开展党政领导干部违规入股企业问题专项清理专题警示教育活动；组织观看阳泉市能源资源领域典型案件警示教育片；邀请市委党校副教授开展全面依法治国专题宣讲；组织开展保密工作警示教育月活动。从党性教育中不断提高党员干部的自我净化能力，为践行入党初心、回忆入党故事，组织开展"我向党组织汇报"征文活动；为检验党史学习阶段性成果，组织支部开展组织生活会，通过党员教育，筑牢了党员干部思想道德防线，找到自身短板，始终保持了党员的先进性和纯洁性。三是把好党员评比关。为庆祝中国共产党成立100周年，大力弘扬正气，树立标杆，"七一"前夕，机关党委严格落实党员民主评议制度，开展"两优一先"评比活动，对照评议程序和内容逐项考察评价，评选出24名优秀共产党员、9名优秀党务工作者和4个先进党支部，并在"清风阳泉"公众号进行广泛宣传；组织开展党员党史学习成果展评，党员干部相互评阅，建言献策，借鉴互通，营造了比、学、赶、帮、超的良好氛围。四是把好组织生活关。机关党委把为党员过"政治生日"作为丰富党内组织生活的重要载体，围绕"六个一"目标，坚持每月给党员过"政治生日"，代表党组织每月为党员定制精美生日贺卡；每月起草一封具有历史内涵的信；每月赠送一本具有代表性，伴随大家终身成长的《星火》《初心与抉择》《毛泽东家书》等"红书"180余本，举行入党宣誓、重温入党誓词仪式教育，激励党员干部守初心、担使命。同时，为使党员在政治生日中找到仪式感、归宿感和幸福感，机关党员针对不同的党员采取多种形式开展党员政治生日活动。针对外地办案人员开展"云上连线、共话初心"活动，针对长期坚守一线的纪检干部到临时党支部过政治生日，在传统节日带着党员到红色教育基地开展政治生活活动。在党组织的祝福和关怀下，183名党员深受感动，决心擦亮誓言砥砺奋进，把责任扛在肩上抓在手上，把行动体现在了为群众服务上，部分党员带着家属自发去孤儿院帮扶弱势群体，组织医护人员去养老院为老人们免费健康体检、去社区慰问困难群众等。通过丰富的党内生活，构建了一支政治过硬、敢于冲锋、勇于担当、善于作为、富有亮剑精神的干部队伍，真正达到一个党员过生日、全体党员受教育的目的，得到了党员干部的一致好评。

第四，聚焦机关文化建设，找创新亮点。机关党委把强服务、传家风、树新风作为提升文化建设的发力点，将党建主题活动和群团活动融为一体，在"三颗心"上强服务：一是手牵手结对子，敬老爱老暖人心。为充分发挥老党员的政治优势、作风优势、经验优势，机关党委运用老干部"传帮带"独特作用，创新开展"青老党员结对"活动。老干部党支部与青工委举行结对共建签约仪式，赠送党史学习书籍和亲情联络卡，并在新成立的老干部党支部活动中心相继组织开展"青老结对传薪火、回首百年照初心"党史教育主题活动；重阳节青年干部陪同退休老干部20余人，赴阳泉郊区南沟村狼峪爱国主义教育基地，开展"金秋学党史、红色度重阳"主题党日学习活动，青老党员形成优势互补、共学共促的良好格局。截至2022年上半年，18位老党员与90位青年结对子，帮扶慰问16次，送学上门3次；老干部为青年干部讲党课42次。机关党委把青年结对共建作为推动老干部支部建设的有效手段，实现了"双向关心关爱、共建共享共学"的开放式党建工作新格局，被市委离退休老干部局评为第一批全市离退休干部"示范党支部"称号，其经验和做法已向山西省老干部局报送并进行推广借鉴。二是面对面树新风，志愿服务动人心。机关党委号召青工委在学雷锋日开展"学革命历史、传雷锋精神"主题活动，通过讲一堂党课、看一段雷锋事迹视频、写一篇心得体会、进社区宣传等活动，鼓励青年干部用实际行动传承雷锋精神；为发扬团结友爱互助的志愿者精神，组织党员干部开展"一对一"助学育人资助活动，共71人参加捐助活动，捐助金额达14200元；组织开展"送温暖、献爱心"社会捐款活动，为民政局和红十字会捐款共计49300元；组织开展义务献血活动；组织参与全市"十万党员结对认亲、排忧解难温暖民心"行动，182名党员与56名帮扶对象签约对接走访慰问活动，党员干部用实际行动为社会奉献爱心。三是心连心传家风，关爱服务聚人心。为弘扬党的优良传统，用心用情用力的服务党员干部，"三八"妇女节号召妇委会开展《关爱女性，让健康和美丽同行》健康知识讲座和关爱女性健康，树良好家教家风活动，充分肯定了奋战在一线的纪检监察女干部及家属为纪检监察事业做出的贡献，关爱女干部身心健康；号召机关工会组织纪检监察女干部及子女赴石评梅故居开展亲子学党史主题活动，鼓励女干部用实际行动扬清廉家风，传红色基因。此外，机关党委始终把关心爱护老党员、军转干部、普通党员作为工作重心，建立了党员关怀机制，为每位过生日的党员发放精美蛋糕、送上生日祝福。"两节"期间对老干部、军转干部进行慰问座谈，不定期到患重病的党员干部及生育妇女家中进行慰问，切切实实让党员干部感受到了党组织的关怀与温暖。机关党委对老干部、女职工、普通党员群众面对面、手拉手、心贴心的零距离服务，激励和鞭策了每一位党员干部发挥党员先锋模范和引领作用。

制度治党的另一个重要举措是建立党员考核标准体系。党员是否合格，不是党员入党时才需回答的问题，而是贯穿党员整个政治生命的重要问题。因此，建立完善、贴近实践要求的党员考核标准体系，就是一个长期性的课题。不考核党员，就会让党员在日常生活中放松对自己的要求，既会导致党员的先锋模范作用降低，也会导致党组织涣散的不良后果。不建立有效、科学的党员考核标准体系，就会让党员在日常生活中无所适从，破坏党的健康政治生态，甚至导致种种严重的违纪违法行为。此外，党员考核标准体系不仅是在考核党员，也是在考核党组织。一个涣散的党组织不可能拥有政治领导力，也就不能有效发挥党员的积极作用。一个坚强的、政治生活良好的党组织是党员个人能力的放大器，能够让优秀党员在其中发挥最大能力，也能让相对落后的党员迎头赶上，在组织的帮助下提升自己的政治觉悟水平和工作能力，让党组织真正成为党员的家，让组织生活真正成为党员的日常生活。

　　阳泉在建立党员考核标准体系的过程中，坚持激励与监督并重，建立并完善激励机制和容错纠错机制，提升决策用人能力，以科学高效的党员考核标准体系赋能政治领导力提升。一套完善的党员考核体系至少应该包括两个方面，即政治考核和能力考核。政治考核，指对于党员思想信念、集体生活参与等方面的考核。只有完善政治考核体系，才能提升党组织的凝聚力，确保党员和党组织在正确的方向上开展工作。能力考核，指对于党员、党组织工作能力、工作绩效等方面的考核。只有完善能力考核体系，才能让党组织在实践中真正发挥政治引领力，以卓越的能力促进治理水平的提高。

　　在考核实践中，阳泉特别兼顾以下两点：第一，考核标准不应以过度激励来激化竞争，否则既不利于党组织内部团结和组织间团结，也可能会导致相关党员和党组织为了赢得竞争而采取不当的方式获取资源或完成目标。第二，考核标准必须符合所在组织要求和法治化标准，避免过度在其自身职能要求之外考核党员和党组织，也避免党员和党组织为满足考核标准而采取不符合法治化建设要求的手段。在治理实践中，阳泉市建立了普适性和专业化并重的党员考核标准体系，让党员考核既满足统一化的规范要求，又符合各组织、各部门实际情况，将提升党的政治领导力同提升治理效能有机地结合在一起。

三　理论与实践相结合的思想引领力

　　思想引领力是政党通过思想理论传播和价值引导，使民众认知、理解、认同和信奉其政治价值观、目标、纲领、路线、政策，进而对其产生强大向心力和认同力的能力。政党思想引领力是政党的软实力和政治法宝，是其保持组织力、凝聚力和战斗力的强大支撑。① 新时代党的思想引领力体现为党创造新思想、传播新思想、运用新思想引导人们改造主观世界和客观世界的能力。

　　阳泉在党的思想引领力建设方面，紧密结合群众的社会实践、实际生活和切身利益，坚持用党的创新理论教育、武装和掌握人民群众，运用群众喜闻乐见的生活体验、鲜活案例、生动语言、传播方式深入浅出地阐释党的创新思想和创新理论。充分调动和激发人民群众的积极性、主动性和创造性，发挥人民群众的历史主体作用，推进中国特色社会主义事业的深入发展。同时。阳泉大力提高思想疏导力，善于运用党的正确理论和创新思想，对于人们的思想疑惑、分歧和分化加以具体分析、比较辨别和疏通引导，大力加强政治方向、价值取向和舆论导向的引导，把人们的思想认识统一到新时代党的理论、路线、

---

　　① 蔡小菊、田旭明：《新时代中国共产党思想　引领力建设的内在逻辑》，《理论探索》2021 年第 5 期。

方针、政策上来。

（一）扎根基层社会的思想传播力

思想是否具有引领力，不只是一个理论问题，更是一个实践问题。党的创新理论和创新思想，只有付诸实践，指导、引领和促进人们改造主观世界，并在改造主观世界的基础上改造客观世界，进而在改造客观世界的过程中进一步改造主观世界，实现物质向精神、精神向物质的相互转化，才能真正体现思想对行动的引领、理论对实践的引领。

阳泉的基层宣传思想文化工作以举旗帜、聚民心、育新人、兴文化、展形象为目标，发挥着思想凝聚、理论指导、舆论引导、文化支撑的作用。来自实地调研的情况表明，阳泉基层宣传思想文化工作服务对象广泛、构成要素多样，体现在思想政治教育、意识形态引导、理论宣传宣教、价值体系培育等多方面，贴合群众实际，转文风、改作风，转变话语体系，优化表达方式，注重系统宣传、立体发声、品牌推广。用老百姓喜闻乐见的形式开展基层宣传思想文化工作，切实走进基层、真切体验生活，用心关怀群众、用情感化群众，弘扬正能量、传播主旋律。

举例一：城区兴隆街社区退休党支部建设和"上门送学"强化理论学习的实践。兴隆街社区第四党支部党员具有年龄偏大、居住分散等特点。党支部把加强学习作为抓党员队伍思想建设重要途径，高度重视政治理论学习，树立人退思想不退、学习劲头不松的学习观念。对因身体不适、行动不便等老党员，采取上门送学的方式开展学习活动，使每名党员通过认真学习，切实把自己的思想行动统一到支部建设的大局上来。

举例二：高新区注重思想普及和"周末课堂"。为提升学习成效，按照党员每人一套"四史"，支部每个一套"三史"，学习用书全覆盖配套到位。在此基础上，领导班子围绕中国共产党人精神谱系讲"微党课"，"一对一"深入企业、工地、农村集中宣讲。支部通过"三会一课"、主题党日等形式抓好常态化学习教育，组织党员集体学习中央党校中共党史专题讲座，录制党课微视频，开设党史大讲堂。举办党史知识竞赛、红色电影"三进"（进企业、进项目、进农村）活动、缅怀革命先烈等活动，丰富学习教育形式。在主要街道、重点楼宇设置党史宣传点，强化党史入脑。做好宣传报道，在官网开设"学党史、悟思想、办实事、开新局"专栏，通过微信公众号、抖音公众号等新媒体广泛宣传。为提升全员素质，开展干部集中教育和理论武装工作，先后组织 12 期 14 批次"周末课堂"主题培训，累计培训 1600 余人次，为高新区打造学习型机关奠定了坚实基础。

举例三：北杨家庄"最北村·文化行"项目。组织村文艺活动爱好者、短视频拍摄爱好者打造一支优秀的文艺队伍，精心组织广场舞、快板、评书、山西梆子、小品、舞蹈剧目等各类形式的文化表演，大力鼓励自编节目，充分展示党的百年奋斗历程、党的重大历史成就、党的感人故事、乡村文化等，从而加强红色文化教育与宣传，引导群众演奏时代新乐章。借助各大短视频平台，对各类优秀文艺表演节目进行积极推广，打造具有鲜明文化特色的文化产品。

举例四：大华社区创新思想引领方式，一是延展新时代文明实践站、居民道德评议会等载体功能，每月开展 1 次社会主义核心价值观主题实践活动，结合"星级文明户"创建，定期评选睦邻之家、忠义之家、德善之家、最美儿媳、新时代好少年等，不断提升居民文明素养，为基层治理注入道德力量。二是推动环境育人。打造盛世华都小区"一路二亭"（幸福路、清风亭、联心亭）试点，积极推动红色法治孝廉社区建设，将红色文化、法治文化、孝廉文化等历史人文故事融入公共活动场所，潜移默化引导居民群众爱党爱国、崇德向善，涵养清风正气。三是组织活动育人。举办系列道德大讲堂，持续开展"传承红色基因，争做时代好少年""小手拉大手，公德一起守""美化家园　文明养犬"等主题活动，发动广大居民共建和谐和美社区。

举例五：矿区蔡东社区文明积分活动实行积分积累、积分兑换的公开制度。志愿者在进行文明积分兑换服务中，都需进行被服务人评价和监督评价的考核评分，在每一次服务完成后，将在其文明账户台账中进行服务评价，并给予相应考核积分。根据积分累计情况，将对所有参与者中服务时间较长且表现优异的，予以通报表扬和额外奖励，树立社区文明典范，倡导大家争做文明先行者。"文明超市"定期开放，负责文明积分商品兑换，参与"文明积分活动"的社区居民可在文明超市中使用积分兑换商品或服务。

（二）厚植基层党组织的思想引领力

党员和党组织负有履行和传播党的思想引领力的政治职责。基层党组织不仅自身政治觉悟需要提升，还必须起到引领广大群众树立新时代中国特色社会主义理论的政治任务和示范表率作用。

阳泉基层党组织在党的思想引领力建设方面做出了许多有益的实践探索。一是将党建嵌入网格化管理，形成"红色网格"化，如"红色领航"计划等。社区网格化管理是一种以网格单位为基础，以信息技术为核心、以精细化管理为目标的新型城市管理模式。将"红色文化"要素纳入网格化管理，整合社会各种资源构建"共建"局面。二是基层党组织培育与整合多样化协商议事平台。建立社区协商议事平台是维护居民正当权益、建立和谐社区的主动选择。不断优化社区协商资源，引导多方平等对话，为解决居民群众实际困难出谋划策。三是发挥好基层党组织统筹协调和社会动员的作用，特别是发动人民团体、群众团体、社会组织和城乡社区居民共同参与社会公共事务的管理，坚持实施党建带"群建"、党建带"社建"的共建机制，增强服务群众的手段和能力。四是基层党组织动员多种力量参与化解基层社会矛盾，不仅充分调动党员资源和红色网格员积极参与基层治理，而且在协调区域网格内人大代表、政协委员、老干部、老党员和乡贤等参与人民调解，与此同时，吸纳社会力量参与社会治理，做到"力量共用、资源共享、阵地共建、活动共办、矛盾共解"的一体化新格局，以实际行动夯实党的思想引领力的政治基础。五是动员基层群众参与社会治理。在社会治理主体结构中，公众参与社会治理一直是基层治理的难题。这既有公众内在原因，如个人价值取向不同、责任意识有别等；也有外在原因，如公众参与的保障或配套制度不健全、参与渠道和参与方式缺失等，基层党组织包括党员的作用就是反映民意，让群众在对党的方针政策实践中提高党的思想引领力。

下面是阳泉的一些创新做法，对当前如何做好党的思想引领力建设具有一定的实践意义。

第一，构建市政协党组成员联系中共党员委员、中共党员委员联系党外委员工作机制。党员委员要牢记党员身份，加强党性修养，增强"四个意识"，提高履职能力，充分发挥党员委员在政治引领、发扬民主、合作共事、廉洁奉公等方面的模范作用，带动党外委员积极参加市政协的会议、调研、视察、考察等活动，积极撰写提案、反映社情民意信息、提出意见建议，认真履行职责，主动参政议政。党员委员在参加市政协全体会议、常务委员会会议、专题座谈会等各种会议和调研、视察、考察等各种活动时，要主动加强与党外委员的联系。党员委员要通过电话微信、走访、座谈、邀请调研等多种方式，经常主动加强与党外委员的联系。党员委员要及时向所联系的党外委员传达或通报中央、全国政协的重要会议、文件精神和省委、省政协、市政协党组的重要会议、文件精神，始终在思想上政治上行动上同以习近平同志为核心的党中央保持高度一致。

第二，"红色育人"党建品牌。坚持以党的创新理论武装头脑，弘扬伟大建党精神，坚定捍卫"两个确立"，坚决做到"两个维护"。贯彻落实省、市党代会精神，按照市委"14510"总体思路和部署，落实市教育局"12225"工作思路和抓手，深入挖掘和宣传"中共创建第一城"内涵特质，在全市教育系统开展以红色堡垒、红烛先锋、红心向党为主要内容的"红色育人"党建品牌创建活动。以迎接党的二十大胜利召开为主线，聚焦强基固本，在党组织中建强红色堡垒；聚焦强师铸魂，在广大教师中弘扬红烛精神；聚焦强教筑梦，在广大学生中传承红色基因，打造有标准、有温度、有力量、有品质的党建工作新格局。压实"红色育人"党建品牌目标任务的责任落实，全面构建工作矩阵，进一步细化举措，明确分工，强化协调推进和督促考核，确保取得实效。

其一，加强组织领导。要高度重视，周密部署，把开展"红色育人"党建品牌创建活动摆上重要议事日程，制定有效措施，确保落地见效。要认真落实开展"红色育人"党建品牌创建活动责任制，建立健全领导干部联系点制度。各级各类学校党组织书记要切实履行好抓"红色育人"党建品牌创建第一责任人职责，每季度专题研究、每半年上报总结、每年末专项述职。市委教育工委要将"红色育人"党建品牌创建活动情况作为领导班子和领导干部考核评价的重要依据，每季度抽查、每半年评估、每年末全面考评，考核结果向基层党员、教师公布，与选拔任用和奖惩挂钩。

其二，注重分类指导。要结合教育实际，设计"红色育人"党建品牌的实践载体。要坚持因地制宜、分类指导，正确处理共性和个性、普遍性和特殊性的关系，既把握总体要求，又突出自身特点，塑造党建品牌的独特形象，强化党建品牌的比较优势。要把创新贯穿于创建党建品牌活动的始终，树立新理念、确立新思路，制定新举措，在创建党建品牌的过程中，不断推进基层党组织领导体制、组织形式和工作机制的创新。

其三，加强督查考核。要采取召开座谈会、经常性督查、随机抽查等方式，加强对"红色育人"党建品牌创建的督促检查，了解工作进展情况，总结交流经验，研究解决问题，对思想上不重视、工作上不得力的，要及时提出批评，限期整改。要坚持实事求是与科学考核，推动党建工作与基层实际相结合、上级考核与群众监督相结合，杜绝形式主义。

其四，加强舆论宣传。要高度重视舆论引导、典型带动。要采取基层党员干部、师生喜闻乐见的方式，大力宣传在全市教育系统开展"红色育人"党建品牌创建工作的重大意义、目标要求和方法步骤，讲好教育故事，传播好教育声音，用身边典型教育身边人，在全市教育系统形成学习先进、崇尚先进、争当先进的良好氛围。

其五，注重特色亮点。要及时总结在全市教育系统开展"红色育人"党建品牌创建活动中的好经验、好做法，打造特色亮点，注重宣传培养，推出一些站得住、叫得响、堪称楷模的党建品牌，努力形成"一校一品牌、一校一特色"的教育党建工作新格局。

第三，"一支部，一品牌"。以"党的一切工作到支部"为导向，市纪委监委抓严抓实党支部建设，挖掘机关党建工作亮点，培养支部党建工作精品，将党建工作中的典型做法和成功经验加以提炼、宣传和推广，充分发挥党支部战斗堡垒作用。在支部组织建设方面，机关党委以标准化建设为基础，以"一支部一品牌"建设为重点，不断推动组织建设上水平。推动"一支部一品牌"建设取得新突破，机关党委深入基层，协调指导支部品牌创建工作，明确创建目标，制定实施方案，提炼创建口号，创设鲜明标识，及时审核上报，全面完成支部品牌培育定型工作，尤其是青老结对互助品牌建设取得了显效成果，支部品牌化建设迈出了新步伐。

　　第四，红色领航战略行动。一是红色资源普查。市、县两级联动，按照清仓见底、应普尽普的原则，对全市红色遗址遗迹、革命文物旧址、纪念设施等开展全方位普查，现已初步建立红色资源台账，完成《阳泉红色资源汇编》资料编纂。集中党史研究部门、专家学者、民间红色文化爱好者等力量，围绕深入阐释"中共创建第一城"内涵特质，开展深层次研究，推出一批红色文化研究成果。确定了首批100个红色资源地名，制作并发布了《阳泉市红色资源手绘地图》。二是发展红色产业。充分利用阳泉市红色资源，通过改编、创作等手段，推出一批富有阳泉特色的红色文艺精品。讲好阳泉红色故事，建强阳泉红色品牌，积极开展各类红色文化文艺活动。筹备全国红色文创大赛，协调文化企业，融合红色文化与传统手工艺元素，研发设计多种红色文创产品。加强红色文化资源数字化转化和开发，配有图片426幅、近2.4万字的阳泉红色历史文化电子地图已基本完成。依托七亘大捷主战场遗址、抗战时期盂县党政机关旧址、八路军利华制药厂等红色资源及特色古村落、名人故居等生态人文资源，在域内5个县区建设红色旅游、教育培训、休闲采摘、康养民宿等各类红色产业项目。三是注重理论总结。深入推进阳泉红色主题丛书编制工作；推动地方党史、红色文化、革命精神等系列课题研究创新；组织专家学者分行业、类别、层级，广泛开展"点对点"调研"党的创新理论在阳泉的实践"活动。

第五，党建带团建。党建带团建是市场经济体制建立之后，党团关系建构在社会基层层面的一个制度性安排，旨在克服市场经济体制建立后一些新兴领域中团组织建立的困难以及一些传统领域中团组织建设的弱化倾向，希望凭借党团之间的特殊关系，通过党组织的力量来扭转团组织的困境。① 在新时代全面从严治党背景下，推进党建带团建工作是落实全面从严治党、促进共青团工作改革和青年成长成才的必然要求，② 一方面是马克思主义政党青年组织的自我革新、自我提高、自我优化、自我完善的过程，另一方面也将青年人力资源转化为强国建设的现代性资源的过程。③ 加强共青团建设，坚持以党建带团建，是进一步提升党的群众组织力的重要内容。

阳泉在党建带团建方面的创新实践探索，有如下几方面。

第一，坚持党对青年工作的领导。市、县两级青少年工作联席会议机制全部建立并有效运行，各层级共青团改革方案和推优入党、县区团委负责人列席常委会等一批制度性文件相继出台，党建带团建、队建制度安排逐步落实，党委领导、政府负责、共青团协调、各部门齐抓共管的青年发展工作格局初见峥嵘。

第二，坚守为党育人主责主业。常态化开展党史国史、形势政策、革命传统文化教育，"青年大学习""红领巾爱学习"网上参学率持续全省领跑，主题团队日活动、青年讲师团、"红

---

① 郑长忠：《建构共青团组织创新的体制内政治支持——新时期高校党建带团建研究》，《复旦教育论坛》2013 年第 3 期。

② 王俏：《全面从严治党背景下党建带团建工作路径创新研究》，《思想政治教育研究》2022 年第 3 期。

③ 刘佳：《新时代共青团改革的政治理性研究》，《当代青年研究》2019 年第 4 期。

领巾讲解员"宣讲有效覆盖全市青少年，党的理论主张"青年化"阐释扎实推进。成立山西省团校阳泉学院（中共创建第一城青年学院），1600 余名青年通过"青马工程"接受政治锻造。实践育人凝聚共识。开展"喜迎二十大、永远跟党走、奋进新征程""学党史、强信念、跟党走""青春心向党·建功新时代""清明祭英烈"等主题实践 2200 余场次。1100 余名优秀青年通过"两红两优""向上向善好青年""新时代好青年"等典型选树脱颖而出。网络引导推陈出新。微信、微博、抖音点击浏览量突破 600 万次，"党史教育微党课""我与共青团的故事"《青春曙光》《我是阳泉人，阳泉是我家——越奋斗，越青春》等网络文化产品突出"政治性""阳泉味""青年范"，儿童剧《呦呦青蒿》《我们那时候》赢得广泛好评，承接录制"红领巾爱学习——抗战中的中流砥柱"网上主题队课受到全国少工委肯定。

第三，青年生力军、突击队作用更加彰显。连续五年举办"创青春"青年创新创业大赛推选 700 余个优质项目，推动 11 家企业挂牌"山西青年创业板"展示培育，青年创新创业联盟实现县区全覆盖，大力营造"大众创业、万众创新"的良好氛围。岗位建功如火如荼。青年职业技能大赛带动 920 余名青年岗位练兵，青年技能提升、就业创业培训覆盖青年 12000 余人次，帮助 3200 余名青年实现就业，"青年突击队""青年文明号""青年安全生产示范岗"200 余个先进集体竞相涌现。脱贫攻坚青年当先。组织 2000 余名团干部、团员青年投身脱贫攻坚、乡村振兴，动员 1400 余名大学生参加"返家乡""三下乡"社会实践，12 所乡村学校建立"希望小屋"，"青联委员服务团"对接 13 个乡村常态化开展服务。实施电商培育工程助力 4500 余名农村青年创业致富，"青年年货节"网络直播带货开辟团团助农新途径。志愿服务引领风尚。全市在册青年志愿者突破 6 万，组织参与"二青会"、创卫攻坚、文明城市创建、关爱帮扶、生态环保等志愿服务 500 余场次，组建 150 余支青年突击队、志愿服务队冲锋在疫情防控、防汛救灾一线，在大战大考中练就青春底色。

第四，团的领导机关改革深入推进。党建带团建和人大、政府、政协协调机制日益健全，专挂兼团干部配齐配强，各级团代表、委员会、常委会中基层一线比例大幅增长，广泛性代表性持续提升。团市委班子成员带头深入基层宣讲调研，密切联系青年机制持续深化。推进改革向基层延伸。整市推进县域共青团基层组织改革，城区作为全国试点改革成效明显，每万名 14—35 岁常住青年人口对应的团的工作力量由 15 名增加至 45 名。率先在全省完成县、乡、村三级团组织换届和少工委换届，盂县党政领导班子年轻干部 100% 兼任团委书记和选调生 100% 兼任团委副书记的做法受到团中央充分肯定。相继成立高新区团工委、紫砂行业团工委、开发区北部工业园区团工委，新增社会领域团组织 1336 家，县区教育团工委、县域团代表联络站、中学团校全面建立，团的基层基础不断夯实。青联、学联、少先队改革一体推进。青联委员中基层一线占比大幅增长，"贵族化"现象逐步得到纠治。学联学生会工作职能进一步向服务学生聚焦。少先队改革取得历史性突破，新增校外少先队组织 83 家、实践教育基地 32 个，少先队工作经费、少先队大队辅导员津贴得到落实。

第五，强化政治统领。坚持把学深悟透习近平新时代中国特色社会主义思想作为首要政治任务，高质量开展"两学一做"学习教育、"不忘初心、牢记使命"主题教育、党史学习教育，严格落实"第一议题"、理论学习中心组学习、重大事项请示报告等制度，"清廉机关"建设扎实推进，忠诚干净担当成为普遍共识、行动自觉。抓住"关键少数"。常态化组织开展各类培训覆盖团干部 2800 余人次，严格团干部双重协管、述职评议，团干部整体风貌得到提升。优化团员队伍。严格团员发展和教育管理。全市现有团员 44606 名，"学社衔接"率稳定在 99% 以上，初中、高中团学比分别控制在 20%、40% 以下，团员先进性得到全面提升，67 名团员经团组织推优入党。

第六，志愿组织。党建引领城市社区治理中缺乏有效作用的平台、缺乏有效的激励、缺乏匹配的服务，集中到一点就是缺乏有效的抓手。志愿组织因其奉献的理念、专业分工和贴近群众的独特优势，能够成为党建引领社区治理的中介机制。然而，要破除社区志愿服务存在的兜底化、僵化、依赖化和淡化等问题，必须以政治性为统领进行志愿类社区社会组织的孵化。实践证明，虽然孵化志愿类社区社会组织并非易事，但它却是新时代党建引领社区治理的有效抓手，也是党的全面领导在社会领域的本质体现。

阳泉在志愿组织建设方面的创新实践，形成了"党政带动、共青团统筹、社会协同"的志愿服务社会动员机制，向全社会普及志愿服务"时时可为、处处可为、人人可为"的文化理念。在阳泉市全国、省级文明城市创建中，发挥青年志愿者的先锋模范作用，开展了重点交通路口志愿者执勤文明劝导行人过马路，文明用餐"光盘行动"，助力精准扶贫结对帮扶等活动。在创建国家级卫生城市中，我们提出了"每周志愿一小时，扮靓山城我参与"的庄严承诺，在宣传方面，印制宣传资料，在全市沿街路段、人员聚集区进行"五城联创"宣传，注册阳泉青年"抖音"，专题进行行为教育引导。在行动方面，广泛动员全市各级共青团组织、志愿服务队、青年文明号集体，全市 209 支志愿服务队、2500 余名青年志愿者全面参与"青春助力·五城联创"志愿行动，在 90 个社区的背街小巷、卫生死角进行集中清理，确保志愿服务的广泛覆盖。在监督引导方面，组建 310 余人的志愿监督员队伍，专门制作证件，利用手机等工具将遇到的充满正能量的文明行为或不文明现象及时记录下来，并通过《阳泉日报》、市广播电视台、阳泉随手拍平台发布，传播正能量，引导广大市民戒除陋习，让文明成为自觉行动。

（三）以民意为基础的思想引领力

塑造民众政治信任，关键在于政府对社会价值和资源进行权威性的分配，并通过这一分配尽量满足不同社会群体的正当需求。当前，我国正处于城乡融合的社会大变局中，与过去相比，乡村治理的对象、内容、方法都已发生了巨大的转变，而社会转型必然会带来前所未有的治理问题，一个高效的政府才能敏锐地捕捉到社会危机信号并迅速予以回应。① 如此才能得到基层民众的信任与认同，才能把党的思想引领力建立在民意的基础上。

阳泉把党的思想引领力植根于基层民意之中，做了许多非常有创新的实践，具有代表性和普遍意义。其中人大代表联络站的设立并制度化的做法是一个非常突出的案例。下面我们以阳泉郊区的创新实践为例对此做一个详细的介绍。

一是标准化建设到位。在区委、区政府的支持下，结合郊区实际，将人大代表活动和站点建设经费，全部纳入了财政预算。进一步健全完善硬件设施、组织机构、管理制度、经费保障，上半年区乡代表履职补助已发放到位，有力支持和保障了代表依法履职。乡镇人大主席充分履行代表联络站建设管理的第一责任，集中精力、积极主动、认真做好代表联络站活动的组织、协调和服务等工作。代表信息、联络站组织机构、联络站工作职责、代表工作职责、接待选民受理事项范围及程序、代表联系选民等内容要按规定上墙公布，自觉主动接受人民群众监督。2021 年 12 月，区人大专题召开了全区人大代表联络站

---

① 吕德文：《治大国若烹小鲜：基层治理与世道人心》，中国大学人民出版社 2021 年版。

点观摩会，加强了区乡人大工作交流，激发基层人大工作活力。

二是机制运行到位。不断引深"14510"三联系制度，坚持每月10日选民接待日制度，每位代表每年至少进站1次，与联系的代表、选民至少联系2次，建立"一人一档"履职档案，把联系群众作为代表履职的常态。每次接待选民征集到的意见建议认真梳理汇总后，由区、乡镇人大转交政府及相关部门办理。探索"代表吹哨、部门报到"模式，试点推行政府组成部门主要负责人适时到代表联络站听取代表群众意见建议，参加接待群众活动，现场解决问题。加强代表小组活动力度，坚持每季度要确定一个主题，通过组织视察、座谈会、征求意见建议等多种形式开展小组活动。2022年8月，各乡镇（中心）以人大代表联络站（点）为载体开展了"加强乡村治理体系建设，促进治理能力提升"主题活动。

三是活动开展到位。各联络站点因地制宜、大胆创新，打造特色品牌。认真开展主题接待活动，围绕党委中心工作、人大重点工作和选民群众关注的社会热点问题，精心选择主题，组织代表接待人民群众，听取民意、集中民智、汇聚民力，努力为中心和大局服务。明确要求乡镇人大主席团每年要选择若干涉及本区域群众切身利益和社会普遍关注的问题，有计划地安排听取和讨论本级人民政府的专项工作报告，对法律、法规实施情况进行检查，开展视察、调研等活动。试点开展流动式接待活动，坚持定时定点的固定式联系和不定时不定点的流动式联系相结合，经常性到田间、地头、工作岗位及群众家中联系接待群众，打通代表联系群众的"最后一公里"，开展"送上门"的接待和服务。

四是服务群众到位。坚持为民服务不松劲，发挥代表联络站中枢作用，进站期间收到的群众意见和诉求，按照听取、收集、整理、交办、督办、反馈的工作流程，逐条梳理，分类办理，切实加强群众意见的处理工作，做到"群众说了有人听、听了有人管、管了有效果"，持续推动解决一批热点难点问题。各级人大代表倾听群众的意见和要求，践行全过程人民民主，积极为民办实事 310 余件，推动热点难点问题解决。如对农产品销售困难的问题，各级人大代表针多方联系销售渠道，带头采购，累计帮助旧街乡群众销售价值 30 万元的蜂蜜，帮西南昇果农销售苹果 10 万余斤；19 名区人大代表在"六一"儿童节为开发区实验小学捐赠钢琴一台；区人大代表推动李家庄乡冯家庄社区安装 20 万元净水设备一套。不断巩固班子成员包点联系制度，督促、指导乡镇（中心）联络站点建设和常态化运行工作，高质量开展"我为群众办实事"活动。河底镇东南沟村因重点工程建设，主要通村公路临时切断，造成村民出行困难，区人大常委会组成人员同区人大代表多次过问，经常进行督促，相关单位多次召开专题会议研究，通过积极协商，道路硬化通车，彻底解决了村民的出行难问题。

五是宣传覆盖到位。积极加强与宣传部门、融媒体的联系沟通，运用好报纸、广播、电视、网络等多种传播手段，多角度宣传代表联络站的探索实践和典型事例，提升代表联络站在人民群众中的知晓程度和认同程度，讲好人大制度、人大故事，讲透全过程人民民主郊区实践，充分展现人大良好社会形象。

六是助力全方位推动高质量发展。问需于民"找准题"。人大代表进站，积极了解群众的愿望诉求，认真听取、收集和反映群众的意见和呼声，特别是牢牢抓住群众最关注乡村振兴、劳动就业、教育质量、人居环境等有普遍代表性的热点、难点问题。代表进站以高度的责任感主动履职尽责，面对面、心连心直接联系服务群众，千方百计地通过各种渠道为人民群众排忧解难。敢于为民鼓与呼，为百姓说话办实事，不做好好先生，不当名誉代表，不辜负选民的期望，努力成为党和政府联系人民群众的桥梁纽带。同时通过"站内 + 站外"的模式，多渠道、深层次、全方位听取选民意见建议、收集民情民意。2021 年，共有各级人大代表 590 人进代表联络站（点），进站接待选民活动 91 次，接待选民 806 人，收到意见建议 110 条，全部实现交办、转办，提高了进站活动的实效，展现了"人民选我当代表，我当代表为人民"的情怀。问计于民"会出题"。人大工作涉及面广，政策性、法律性和程序性都很强，代表们充分利用联络站点这个基地，开展好学习交流培训活动，进一步熟知相关法律法规，知晓中央、省、市、区经济社会发展的新理念、新思想、新战略，更好依法履职。联络站点坚持每月的接待日确定一个主题，群众带着问题来，代表心中有准备，聚焦园区发展、创建文明城市、镇区特色发展等专题进行深度交流，探讨解决问题的思路和方法，实现服务与需求的精准对接。2022 年 4 月，区人大常委会主任以普通代表身份到荫营镇开展人大代表进展活动，代表及选民们围绕"就如何加强合并村融合、村改社区后待遇"等有关问题展开了积极的讨论与交流。区人大常委会扎实推动人大代表意见建议"内容高质量、办理高质量"，制定印发了《阳泉市郊区人民代表大会代表议案的提出和处理办法》和《阳泉市郊区人民代表大会代表建议、批评和意见的提出和办理办法》。全区各级人大代表充分利用联络站点这个平台，发挥一线优势，深入调查研究，了解吃透基层实情，通过把握重点、精心推敲，对群众建议梳理分类，认真分析其中存在的倾向性和普遍性问题，筛选民众呼声最高、最有可行性的建议，积极向有关部门提出意见，把题目出到了群众的心坎上，精准对接了党委、政府的决策部署。问效于民"答好题"。政府要始终把办理代表意见建议作为推进治理能力现代化的大事来抓，积极探索代表建议和意见办理的新思路、新措施，扎实解决好群众反映的热点难点问题，努力提高代表建议和意见的办结率和满意率，从而体现出代表参与决策的作用。发挥好代表在社会矛盾纠纷调处化解机制中的作用，在联系服务群众上出实招、见实效，切实协调解决好群众关心的"小事、难事、具体事"，防范社会风险，化解社会矛盾。不断完善代表建议督办机制，通过开会集中交办、公示办理结果、领导跟踪督办的方式，把代表建议办实办好。2021年，区、乡两级先后对区政府办理的112件代表意见建议开展了满意度量化评价工作，测评结果上报区委、全区通报，测评结果纳入承办单位年度考核指标；12月召集办理情况不太满意的4个承办部门主要领导进行了督办谈话，明确要求畅通与代表沟通答复渠道，制定有力措施，强化对代表后续建议的落地落实，推动了人大代表意见建议"办理高质量"。

四 基层党建引领为中心的群众组织力

改革和社会发展使党的建设和发展处于这样两难境地：社会结构的分化和社会形态的转型，使党的基层组织出现弱化趋势；而在改革和发展这个时代，党的基层组织对党建与中国社会发展的战略重要性却在不断地增强。走出这种两难的唯一选择就是重新激活党的基层组织，使其真正成为党的建设和国家现代化建设战略支撑点。

基层党组织与人民群众的距离最接近，只有做好基层党组织的工作，才能让人民群众更直接感受到党的先进性，让党组织更全面、更深入地实现领导。党的基层组织是党的执政能力建设与和谐社会建设的重要战略资源。健全和发展党的基层组织的关键，就是重新激活党的基层组织。为此，必须解决两个基本问题：一是党的基层组织的生存与发展空间问题；二是党的基层组织的功能定位问题。①

改革开放以来，基层社会的生产结构、生存机构、社会结构发生了巨变，党的基层组织面临着在新形势下完善政治领导力的重要挑战。在实践中，这首先意味着如何建立、在哪儿建立党组织。只要有党员的地方，就要建立坚强的党组织，这是坚持党的

---

① 林尚立：《基层组织：执政能力与和谐社会建设的战略资源》，《理论前沿》2006 年第 9 期。

领导地位的必然要求。只有将党员纳入组织生活，只有将组织生活落实在社会生活的各个领域中，党的全面领导才能真正得以实现。哪里有党员，哪里就有坚定的中心，就有推动发展的先进力量。在现阶段，基层党组织建设面临着前所未有的复杂性，如何处理好基层党组织与基层党组织所在的各类组织的关系，是建立基层党组织必须重视的问题。在实践中，这至少为建立基层党组织提出了三项挑战：第一，基层党组织如何实现对于各类基层自治组织和集体经济组织的领导，是一个值得高度关注的问题。不能理顺这种关系，不仅会使得基层党组织缺乏政治领导力，也会影响其他治理效能。因此，如何在法制化的基础上理顺二者关系，是一个必须以实践解决的问题。第二，在市场经济下，如何处理好具有私有产权属性的非公有制经济组织和基层党组织的关系，是一个涉及经济权利和政治权力的问题。市场经济下的现代企业必然要求建立一套符合市场要求和具有国际竞争力的企业管理制度，而如何让党组织嵌入这一管理制度、如何让党组织在企业中发挥积极作用，这既是推动党的政治领导力提升的重要问题，也是促进我国社会主义市场经济健康发展必须面对的问题。第三，如何处理好基层党组织对于各类组织的领导和指导的关系，是一个在实践中常常遇到的问题。尤其是，在一些专业化水平较高、对专业知识要求较高的组织中，如何有效发挥党组织的赋能作用，如何让基层党组织与上级党组织实现有效对接，是一个实践中仍在探索的问题。

而阳泉的实践表明，以基层党建引领为中心，在基层群众自治组织、"两新"组织（新经济组织与新社会组织）实现基层党组织全覆盖，不仅能够高质量地提升群众组织力，而且是实现基层社会治理现代化的组织保障和社会秩序稳定的保障。在这个基础上，着力建构体现公平与效率的利益协调机制，把资源整合与共同富裕紧密关联起来，并加大力度建立和完善基层社会保障与救助体系，只有这样，基层党组织与人民群众才能建立一种利益共享与价值共享的支持关系，从而把党的群众组织力建设落地实处。

（一）基层党组织嵌入基层社会治理体系

村级党组织是开展乡村治理工作的核心主体和根本力量。阳泉坚持农民利益观的治理理念，强化统合型村级党组织的领导功能，完善组织设置，提升村级党组织组织力，不断创新党组织自身建设方式，充分发挥党组织在乡村治理和乡村振兴中的核心引领作用。这既是乡村治理的现实需要，也是村级党组织依靠自身组织资源和组织优势引导动员农民群众贯彻党的路线、方针、政策、坚持党全面领导地位的充要条件。换言之，为了充分发挥和进一步提升党的群众组织力，有必要发展和完善村级党组织建设，巩固村级党组织的执政基础，建立健全"党管农村"的体制机制。

在党建引领城市社区治理创新方面，阳泉市坚持系统谋划、项目推进，不断完善抓党建促基层治理机制，建强骨干队伍，夯实基层基础，提升治理效能，以党建引领城市基层治理能力提升，为全方位推动高质量发展提供坚强组织保障。阳泉党建引领城市社区治理能力提升的创新实践，突出的创新有两条：一是坚持大抓基层的鲜明导向，强化街道社区党组织在基层治理中的领导作用，以街道社区为轴心，推行组织联建、阵地联营、活动联搞、人才联培和共同协商、共同服务、共同治理、共同发展的工作模式；二是建立街道社区两级干部岗位职责清单、任务清单和社区干部履职行为负面清单，对标对表找差距、抓整改、促提升。① 具体实践经验有如下几方面。

---

① 金所军：《党建引领城市治理能力提升》，《中国组织人事报》2022 年 6 月 8 日。

第一，突出机制牵引，构建"全链条"治理体系。把建立健全制度机制作为基础性、根本性工作，将中央、省委部署要求与阳泉实际紧密结合，出台抓党建促城市基层治理能力提升的若干措施、抓党建促基层治理能力提升考核实施细则等政策文件，积极搭建党建引领城市基层治理"四梁八柱"制度体系。建立由市委书记、市长任组长，其他市委常委任副组长的基层治理领导机制，定期研究重要事项，部署重点工作，督办重大任务。健全完善市、县两级常委包联项目机制、市级领导干部督导推进机制，对基层治理重点任务实行周通报、月调度、季考核。深入开展各级领导干部"摸实情、送政策、解难题、促发展"大调研，带头破解制约基层发展的瓶颈。深化街道大工委—社区大党委—网格党支部—楼栋党小组—党员中心户"五级架构"，创新开展"微网格"建设，以30—50户为单元，选聘素质过硬的在职党员、"五老人员"、群众志愿者等担任网格管理员，全市共建立微网格1.05万个、网格党小组3469个。构建街道社区吸纳、培育、管理社会组织的工作闭环，大力支持公益性、服务性、互助性社会组织开展活动，打造出阳泉市蓝天救援队、义家亲社会工作服务中心等一批作用发挥突出的社会组织。

第二，推动多元互动，汇聚"全领域"治理合力。适应城市改革发展和城市基层治理的需要，要坚持大抓基层的鲜明导向，强化街道社区党组织在基层治理中的领导作用，以街道社区为轴心，推行组织联建、阵地联营、活动联搞、人才联培和共同协商、共同服务、共同治理、共同发展的"四联四共"工作模式，与驻地单位、行业系统签订共建协议、建立供需清单、实行双向考核，推动融合发展。将派驻机构负责人人事考核权和征得同意权、综合管理权等五项权力全部下放街道，依法确定社区工作事项、精简各类会议和台账，推动街道社区扩权赋能增效。常态化开展驻区单位和在职党员"双报到"，采取"群众点单、社区派单、党员接单"方式，让在职党员参与志愿服务，认领"微心愿"，为群众办实事。出台加强快递物流行业党建工作措施，指导快递物流、外卖配送企业与社区党建联建，参与社区治理。高标准打造市级"两新组织党建中心"，引导"两新"组织在社会治理中担责任、做贡献。

第三，建强工作队伍，激发"全基干"治理动能。实行社区党组织书记星级化管理，坚持初次评定与年度动态调整相结合，将任职年限、奖惩情况等作为重要依据，推动形成"考核定星、动态调整、以星定酬、持续激励"的长效管理机制。严格社区党组织书记在县级党委组织部门备案管理和资格联审制度，对不合格不胜任、群众意见大的予以调整。实施社区干部"雁阵"孵化培育计划，挂牌5个标杆社区为孵化基地，编制"鸿雁"工作法和社区工作规程，批次组织社区"两委"骨干赴基地实战实训，全面提升基层治理能力和水平。突出"智库"引领，聘请高校专家教授、优秀社区书记和社区老支书、老模范、老干部组建顾问团、导师团、指导团，线上线下交流培训，点对点精准帮带，指导街道社区干部理思路、明举措、提能力。建立街道社区两级干部岗位职责清单、任务清单和社区干部履职行为负面清单，对标对表找差距、抓整改、促提升。探索实行社区党员积分制管理，建立支部日常考、社区定期考、支部大会评、党员民主评的"双考双评"机制，不断提升党员教育管理规范化水平。

第四，坚持项目运作，发挥"全方位"治理效应。紧盯城市基层治理重点工作发力，会同住建部门开展"红色物业"创建工作，选派党建指导员对暂不具备组建党组织条件的物业服务企业加强管理指导，推动物业服务与社区治理同频共振。积极探索"智慧社区"建设，大力推行一站受理、一网协同、信息共享服务模式，推动社区治理数字化、智能化、高效化。稳妥有序推进"村改社区"工作，深入一线进行实地调研，严把政策程序关，坚持"改居、招才、建制"一体推进，推动工作重心由抓经济、抓发展向抓治理、抓服务转变。

第五，落实激励保障，强化"全要素"治理支撑。突出实践实干实效，开展县区、街道、社区"竞优比选"活动，构建定量考核、组织评价、群众评议"一考双评"工作体系，开展日常考核，实行提级表彰，树立奖优罚劣的鲜明导向。2022年市级财政列支1000万元基层治理工作专项经费，对基层网格化阵地建设、教育培训、活动开展等工作进行重点保障。加快推进社区工作者职业体系建设，根据岗位职责、工作年限等确定薪酬待遇，全面落实社区工作者基本养老、医疗等社会保险。建立多元筹措、逐年增长的经费保障机制，以专款形式建立党建项目资金池，对党建创新项目明显、治理成效显著的街道社区党组织给予专项奖励，进一步营造大抓基层、大抓治理的浓厚氛围。

在党建引领乡村治理创新方面，阳泉将基层党建很好地嵌入农村治理，实现党对农村基层社会治理的全面有效领导，处理好农村基层党组织与各种治理主体之间的关系。具体实践创新有如下几方面。

第一，扩展党的基层组织体系，解决合村并居后党员人数增多、党组织工作覆盖面不够宽的问题。一般应以村党组织为核心，搭建覆盖所有党员的党小组，通过党小组实现对普通党员的政治引导、思想引领和组织教育，再用党员包片联户的方式，畅通农民的利益表达和权利协商渠道。

第二，在新型农村集体经济组织中设置党的组织，把党员、群众组织起来，以增强集体经济组织的使命感和责任感。同时，也可以利用当地优势条件发展壮大村级集体经济，组建村级经济股份合作社或者成立集体经济公司，真正让村民从集体经济中受益。

第三，在社会组织中设置党的组织。社会组织往往立足于本乡本土，具有较强的基层动员能力，能够调动农民积极参与乡村公共事务的协商、议定和执行。在社会组织中建立党组织体系，能够增强党组织的群众组织力和社会动员力，社会组织也可以借助党的组织体系获得更多的治理资源和资金，增强社会组织的吸引力与创新力。

在治理实践中，阳泉基层党组织运用自身的政治、组织及资源等优势吸纳乡村精英及新兴社会力量参与社会治理，并将优秀分子选派到党组织和其他治理主体中去，使党员和入党积极分子充分发挥带头作用，增强群众的认同感。一是精选农村基层党组织负责人。要把政治作风端正、工作能力优秀、熟悉农村情况、热爱农村工作，作为乡村基层党组织负责人的基本标准。二是实行"两委"交叉任职。交叉任职既可减少乡村干部职数，又可增强党组织与村委会的深度融合，避免党务与行政的"二元"对立。同时，通过将"两人干"变成"一人兼"来提高干部政治素养与业务能力，由过去的"专业型"变成"全能型"，拓宽干部成长空间，提升干部实践能力，推动党建与经济、社会发展互促互进。三是为集体经济组织选派懂经济的骨干。从现有实践来看，村委会主任往往兼任负责集体经济组织，同时村党支部书记和村委会主任又大都实行"一肩挑"，容易形成外行管理内行的弊端。从优秀党员、入党积极分子、致富能手中选派集体经济组织的负责人或者骨干，让懂经济的人管理或者参与管理经济，是现在通行的做法。

盂县东梁乡西梁村换届工作典型案例

盂县东梁乡西梁村国土面积 19.8 平方千米，人口 1430 人，户数 561 户，耕地面积 8778 亩，有 5 个村民小组。在本次村"两委"换届工作中，实现了支村"两委"主干"一肩挑"，同时 35 岁以下的支村"两委"干部 1 名，大专以上学历的支村"两委"干部 2 名，女性委员 1 名，45 岁以下支村"两委"干部 4 名，占比为 57.1%。

西梁村村民思想落后、邻里矛盾突出；村集体班子软弱涣散，村干部各自为政，思想不统一等。就以上问题采取如下应对措施：

首先，组织领导到位。成立了由支部书记任组长，支部副书记、支委成员任成员的村支"两委"换届工作领导组，并依法依规成立第十二届村民委员会换届选举委员会。领导组多次召开会议研究换届事宜，统一思想认识、统一工作步调，实现层层重视，层层部署，层层落实。充分发挥党员核心作用，引导群众正确行使民主权利，形成上下联动、齐抓共管的良好工作局面。

其次，宣传发动到位。运用宣传车、挂横幅、发宣传资料等方式大力宣传相关政策，使群众喜欢听、愿意看、心明白。全村印发"十个严禁""十个不准""六个一律"等宣传海报 1500 余份、悬挂 8 条村"两委"换届选举横幅，通过微信公众号、宣传广播、组织宣讲、入户走访、张贴换届公告、LED 大屏幕、召开村民代表大会等方式进行全方位、多层面的宣传，大张旗鼓地宣传村级组织换届选举政策规定和纪律要求，做到村级换届法律法规家喻户晓、深入人心，激发广大选民参选的热情。同时在换届各个阶段张贴换届公告、公示，确保换届选举工作信息公开透明。

再次，选情研判到位。对村庄现有情况和矛盾隐患深入排查了解，对排查出的问题和隐患及时梳理分类，研究制定工作预案和工作措施，入户调研选情，做到因户施策、分类指导。组织村"两委"班子成员学习，逐一进行思想教育和沟通谈话，从根源上查摆问题，从制度上约束管理每一位村干部，重新划分责任范围，统一思想，统一步调，转变思想，提高认识。

最后，程序履行到位。在前期动员部署、广泛宣传、民主推荐、考察初步候选人等阶段，严把换届程序，坚持做到"履行程序不走样、遵循步骤不减少、执行法规不变通"原则，注重工作流程及细节，严格按照规定的时限、节点、程序进行操作，细致周密地抓好选举工作的每一个环节，确保了换届选举的合法性和选举结果的有效性、公正性。

在乡村治理中，村党组织只有坚守为人民服务的根本宗旨、不断提升自身党性觉悟和素养、积极肩负责任，才能获得民众的信任与支持，并在乡村治理实践中累积权威。为了加强村级党建引领乡村治理，阳泉首先要重视优化村党组织班子，提升村党组织班子、成员的党性觉悟和素养，使之成为连接乡村治理多元主体之间的桥梁，真正发挥乡村治理的组织领导者、示范服务者、统筹协调者的多重作用。其次要注重发挥农村党员示范与带动作用，农村党员是农民群体中政治觉悟强、思想信念坚定、理想追求高远的代表，能够密切联系群众、积极参与公共活动、带头遵守社会规范，在民众利益表达、带动公共治理、发扬社会风尚等方面都能产生积极作用，组织引领群众听党话、跟党走，从而为提升党的群众组织力担当应尽的责任、做出应有的贡献。当前，村级党组织面临着农民分化、利益多元化等新情况，自身服务能力、群众利益统合能力、自身组织建设也面临着新的挑战。但"脱离群众是最大的危险"，村级党组织首先要完善自身组织建设，进而发挥党员、党组织的优势，深入做好组织群众、宣传群众、服务群众工作，虚心向群众学习，诚心接受群众监督，在密切与群众血肉联系的过程中，发挥和提升党的群众组织力。

（二）基层党组织嵌入基层经济社会领域

作为社会主义市场经济条件下发展起来的新经济组织和社会组织，"两新"组织既是中国共产党治国理政的新对象，又是中国共产党组织建设的新场域。"新对象"指的是非公有制经济的快速发展打破了长期以来以国有企事业单位和工青妇等群团组织为主体的传统治理格局，从而增强了中国共产党社会治理的对象多元性和复杂性。"新场域"表明，非公所有制经济组织和社会组织的壮大和影响剧增，已经在事实上形成了有别于体制内单位的组织新空间，从而增加了失去可依托行政资源的现实党建模式的工作难度和组织挑战。因此，必须加强"两新"组织党建，使之肩负起加强党同在非公有制企业劳动的广大职工群众的联系、巩固党在新形势下执政的阶级基础和群众基础，切实发挥组织群众、宣传群众、凝聚群众、服务群众的作用。

阳泉以党建为中心，在"两新"组织以及物业服务领域做出了比较突出的实践创新，具体有如下几方面。

1. 新社会组织党建

阳泉市有社会组织 1916 个，其中，登记社会组织 642 个，备案的社区社会组织 1274 个。市级社会组织 240 个（社会团体 179 个，民办非企业单位 61 个）。全市每万人拥有社会组织数为 14 个。全市社会组织建立党组织 409 个（含 5 个行业党委），组织覆盖率由 2021 年的 98.6% 提升至 99.56%，其余社会组织通过派驻党建指导员实现了党的工作全覆盖。

2022 年，阳泉市社会组织党建和管理工作以钉钉子精神抓好社会组织党建工作，打好监督管理"组合拳"，下足社工、志愿者服务"绣花功夫"，更好彰显社会组织时代价值、发挥社会组织时代使命，推动和激励社会组织更高质量、更有效率、更可持续、更为安全发展。第一，聚焦党建工作"两个覆盖"成果转化，推动社会组织党建工作从有形转有效。全面加强社会组织党建工作，推动实现社会组织党组织规范化标准化建设、党组织参与重大问题决策上落地见效，以党建带动社会组织健康有序发展。第二，聚焦培育发展与监督管理同发力，继续引导社会组织发挥优势作用。加强社会组织综合监管，以年报为抓手，开展规范社会组织法人治理、打击整治非法社会组织、清理"僵尸型"社会组织等系列整治行动，防范化解社会组织领域重大风险。持续实施"培育发展社区社会组织专项行动"，引导社会组织参与基层社会治理。第三，聚焦社工服务站建设，推动民政基层服务能力再提升。在 2021 年乡镇（街道）社工站试点基础上进行扩面建设，实现郊区、矿区乡镇（街道）社工站全覆盖，盂县、平定乡镇（街道）社工站建设不少于 70%，将社工站打造成社会工作人才开展社工服务的专业平台。推进志愿服务制度化，引导志愿服务健康有序发展。

首先，把牢发展方向，党的建设实现新加强。

制定出台《关于全面压实社会组织党组织建设主体责任的通知》，科学划分相关部门在社会组织成立党组织工作中的具体职责，制定了审管衔接流程图，明确了社会组织同步成立党组织的具体流程，倒逼社会组织积极建立党组织，着力构建社会组织党建工作闭环管理体系。严把党建入口关，在社会组织成立时同步建立党组织，推动党建入章、核心价值观入章，召集社会组织负责人及党组织书记谈话，对其进行相关法律、法规宣传，讲明章程和法律法规所禁止的事项，打好"预防针"。

推动社会组织党组织覆盖率大幅提升，截至 2022 年，阳泉市社会组织党组织覆盖率达 99.56%，党的工作覆盖率实现 100% 全覆盖。坚持嵌入式推进党建工作。做到"登记、年检年报、换届选举、评优评先与党建工作四结合"，全市社会组织完成"党建入章""核心价值观入章"率达 100%（宗教类社会团体除外）。

持续推进党组织规范化标准化建设，制作社会组织党组织规范化工作记录统计表，推动党建工作规范化、组织生活常态化，让红色基因融入每个社会组织。同时提出在社会组织年检过程中同步检查社会组织党组织印章，明确了社会组织党组织印章样式，制定了《社会组织党组织印章留样备案表》，对市级登记社会组织进行党组织印章备案，全面规范市级社会组织党组织印章管理问题。

规范社会组织党组织参与重大事项决策工作程序，阳泉市印发《〈党组织参与社会组织重大问题决策暂行办法〉的通知》（阳非社工通字〔2022〕1 号），制定了《党组织参与社会组织重大事项承诺书》，规范社会组织党组织参与重大事项决策工作程序，在社会组织党组织成立、年检工作时同步签署承诺书，目前新成立社会组织签订承诺书 10 家，年检同时签订承诺书 105 家。

深入推进社会组织清廉建设。2022 年 6 月，印发《关于开展清廉社会组织建设的通知》，结合阳泉市社会组织 2021 年度检查工作，以督促建，深入开展社会组织清廉建设工作，让社会组织炫起"清廉风"。

其次，持续探索创新，监管服务再上新水平。

聚焦社会组织风险防范，加强综合监管、分类监管、重点监管和安全管理。2022 年 3 月印发《关于做好全市性社会组织 2021 年度检查工作的通知》，压实业务主管单位初审责任，加强联合监督检查，确保社会组织规范运行。2022 年，在业务主管单位指导下，市级社会组织线上提交年检资料 173 家，年检填报率达 75.5%。以年检为契机，扎实开展六类专项行动，为社会组织"强身健体"，牢牢守住安全稳定基本盘。

社会团体分支（代表）机构专项整治工作有力、有序地开展。2022 年 5 月，印发《阳泉市民政局关于开展规范社会团体分支（代表）机构专项整治工作的通知》，围绕社会团体分支

（代表）机构设立不规范、名称使用不规范、财务管理不规范、活动开展不合规、其他违反管理规定等 5 方面 25 种情形开展自查自纠，并经业务主管单位审核盖章后予以确认，通过专项行动清除一批名存实亡的分支机构、整改一批不规范的分支机构、激活一批效能不高的分支机构，防范化解社会团体分支机构风险隐患。截至 2022 年 7 月，阳泉市社会组织共摸排分支机构 39 个，其中社会组织已整改撤销分支机构 7 个。

社会服务机构非营利监管专项整治行动不断深化发展。2022 年 6 月，印发《阳泉市民政局关于开展社会服务机构非营利监管专项整治行动的通知》，并与包括各县区民政局、各业务主管单位 19 家单位进行沟通，将社会服务机构非营利监管贯穿于社会服务机构年检、抽查检查和行政执法等各个环节，不断健全完善社会服务机构非营利监管制度。目前，各社会服务机构正在业务主管单位指导下开展自查自纠。

行业协会商会乱收费清理专项行动成效明显。2022 年，阳泉市分别印发了《阳泉市民政局关于开展行业协会商会乱收费专项清理整治工作的通知》《阳泉市市场监管系统 2022 年涉企违规收费专项整治行动实施方案》的通知，联合市场监管局、各行业协会商会业务主管单位、行业管理部门等在全市范围内开展行业协会商会乱收费专项清理整治工作，规范和引导合理合法收费，坚决制止和查处违法违规收费，进一步减轻市场主体负担，优化营商环境。2022 年，阳泉市大部分行业协会商会不收取或减免会员会费、服务费等各类费用，用实际行动助力企业复工复产，切实为市场主体减负松绑、增添活力，2022 年上半年共减免和降低收费 37.08 万元，减轻企业负担 400 余家。

"僵尸型"社会组织清理整治工作精准有力。印发"僵尸型"社会组织专项整治行动通知，向 23 家涉及的县区、业务主管单位发函明确清理重点。据初步摸底统计，在 2021 年度清理整治 37 家社会组织基础上，2022 年阳泉市新摸排"僵尸型"

社会组织 15 家，均已列入清理范畴，2022 年上半年已完成注销登记 7 家，清除了一批名存实亡的社会组织，进一步优化社会组织结构。

常态化打击整治非法社会组织扎实推进。2021 年，阳泉市打击整治非法社会组织专项行动成效显著，依法取缔非法社会组织 1 家，取缔劝散的 5 家非法社会组织已向社会发布公告。2022 年，阳泉市进一步强化对非法社会组织的打击整治力度，印发了社会组织管理工作要点，将常态化开展打击整治非法社会组织工作列入年度重点任务。重点开展了涉宗教渗透、涉老领域非法集资和防诈骗专项行动等非法社会组织排查，发布《阳泉市民政局关于打击整治养老服务机构非法集资和防诈骗专项行动线索举报方式的公告》。充分利用社会举报、日常管理、执法检查等多种形式，广泛收集线索信息，并结合民政社区资源优势，动员街办组织工作人员上街、入户巡查，深挖细查非法社会组织。非法社会组织清理整治工作有序开展，阳泉市社会组织领域暂未发现非法社会组织活动情况。

有效防范化解社会组织领域风险稳步实施。围绕切实防范阳泉市社会组织政治风险、疫情传播风险和违法违规风险等工作，加大日常监管力度，社会组织领域风险防控情况每月按时报送市政法委，社会组织领域整体安全稳定，未发生风险事件。围绕防范化解社会组织领域疫情防控风险，阳泉市民政局召开了社会组织疫情防控工作会，印发了《关于从严从紧做好全市社会组织领域疫情防控工作的通知》，对各县区民政局、各社会组织业务主管单位（行业管理部门）、民政局直管社会组织开展社会组织领域疫情防控工作进行了安排部署，要求各县区民政局、各业务主管单位、各社会组织不折不扣落实"四方责任"，加强社会组织领域疫情防控工作，提升应急防控和应急处置能力，确保防控措施落地见效，严防社会组织领域疫情防控风险。

再次，注重培育发展，社会力量服务大局展现新作为。

　　社区社会组织培育发展更加精细高效。按照《阳泉市培育发展社区社会组织专项行动实施方案（2021—2023 年）》文件要求，继续培育扶持社区社会组织。一是注重社区社会组织质量提升。重新梳理阳泉社区社会组织名单，清理长期未开展活动，名存实亡的"僵尸"社区社会组织 34 家，进一步促进社区社会组织作用发挥。二是登记与备案相结合。根据社区社会组织大都是扎根于社区"草根组织"的特点，挖掘引导活跃度高、参与度高、作用发挥好的组织纳入备案管理的轨道，并加大培育孵化力度，逐步向登记类社区社会组织发展。三是丰富活动形式。各社区社会组织通过开展形式多样的系列活动，如"邻里守望"系列社区志愿服务活动、"民主商议"系列社区协商活动、"平安建设"系列社区治理活动、"文化铸魂"系列精神文明创建活动等，有效满足人民群众多样化需求。全市社区社会组织涵盖公益服务、社会事务、文化体育、慈善救济、社会维权等多个领域。

　　注重服务提升，乡镇（街道）社会工作站扩面建设覆盖更加广泛。2022 年全市新建 27 个乡镇（街道）社工站，郊区、矿区实现全覆盖。平定、盂县社工站覆盖乡镇（街道）不少于70%。扩面县区印发了社工站建设方案，扩面县区已确定办公场所，平定、郊区已挂牌，矿区社工站办公场所正在装修，全市 27 个社工站都已在社工服务网站完成了注册。

　　突出人民至上，社会力量参与服务更加优质多元。一是发展志愿服务强队伍。全国志愿服务信息系统阳泉市注册志愿者达 161040 人，注册志愿服务队 1139 个，志愿项目 612 个。二是服务乡村振兴列清单。阳泉市民政局和阳泉市乡村振兴局联合印发《关于转发〈山西省民政厅　山西省乡村振兴局关于印发《山西省动员引导社会组织参与乡村振兴工作实施方案》的通知〉的通知》，制订阳泉市社会组织助力乡村振兴服务清单，全市社会组织结合自身实际，确定服务优势和项目，2022 年上半年收到社会组织助力乡村服务清单33个。阳泉市志愿者协会、阳泉市义工联合会、阳泉市扶残助残促进会等志愿服务组织，通过开展爱心助学、关爱残疾儿童慰问、乡村志愿服务等活动，为乡村困难群体带来希望。阳泉市矿区民政局指导12个行政村成立农村社会组织90家，包含为民服务、养老照护、公益慈善、促进和谐、文体娱乐5类社会组织，特别是加强了农村老年协会等社会组织的建设和发展，通过综合包户、定点帮扶等多种方式，为困难群体提供亲情陪伴、生活照料、心理疏导、法律援助、社会融入等各类关爱服务，构建守望相助的邻里关系。阳泉市郊区民政局组织郊区果业协会和郊区树莓协会对人员进行技术培训指导，并拓展销售渠道，就产业兴旺、生态宜居、乡风文明、治理有效、生活富裕等方面取得了显著成效。同时结合郊区社工站建设，以社工站为基础，将社会组织与社工站结合更好地服务于乡村振兴。三是助力企业服务出成效。2022年7月，阳泉商会行—走进盂县活动召开，阳泉市河北商会、浙江商会、山东商会、餐饮饭店行业协会、异业联盟商会、平定青年企业家商会、盂县众鑫中小企业商会等代表参加，积极建言献策，充分发挥行业协会商会扎根行业、服务企业、辅助政府、凝聚合理的独特优势。阳泉市职业经理人协会每月定期开展中小企业管理服务平台入企调研活动，深入中小企业"摸实情、解难题"，帮扶企业发展破解企业生产经营中的堵点痛点，切实解决企业实际困难、减轻企业负担。阳泉盂县核桃产业协会为政府提供咨询、履行社会责任，2022年上半年为盂县各乡镇提供技术培训7次。盂县众鑫中小企业商会服务盂县企业发展，为有需求的企业资源整合提供便利。阳泉市英英职业培训学校助力稳岗就业，持续加强家政服务供需对接，引导和鼓励农村劳动力特别是农村妇女到家政服务领域就业，搭建"泉民零工市场"就业平台，为3674名贫困人员提供电话服务，600余名进行求职登记并做岗位首次匹配，其中60余人岗位匹配成功。

2. 非公经济组织党建

非公经济组织党建是党的组织嵌入和组织覆盖的重要内容。过去的非公经济组织党建工作过于强调"自上而下"地组织推进，强调党组织对非公经济组织空间的组织统合与组织嵌入，但是非公经济组织党建工作依然面临"组织进入难、开展活动难、发挥作用难"的"三难"困境。现阶段，阳泉大力破解非公经济组织面临的难题，基层党组织积极有为，转换工作方式与工作思路，唤起非公经济组织内部的党员与职工群众的认同与支持，增强党组织自身的号召力、凝聚力。

阳泉全市现有具备一定规模、持续稳定经营的非公企业2599家（私营企业2592户，外资企业7户），从业人员59572名，其中党员3084名（流动党员1050名），组建党组织852个（党委5个，党总支10个，党支部837个；单独组建的384个，联合组建的468个），党组织覆盖企业数2447个，覆盖率为93.93%。未建立党组织的非公企业152个，通过选派党建工作指导员实现了党建工作全覆盖。

3. 物业党建

社区物业服务管理是指为社区提供保洁、保安、保绿、维修等服务，保障各类公共设施运行，维护社区环境和秩序的一系列活动和过程。围绕着房屋产权和社区物理性管理而展开的物业管理，是社区秩序建构的最重要内容之一。社区的物业服务管理是一个典型的多元主体合作治理的过程，多主体能否形成良性互动、协同治理的格局，将直接决定物业服务质量和社区环境品质的高低。阳泉基于基层党组织的组织优势与协调整合能力，在社区党总支的统一领导下，在业主委员会和物业公司中分别设立党支部，实现党组织的全覆盖，在社区党组织的带动下，挖掘和吸纳社区骨干，以党员模范作用、党组织引领作用实现公众参与和公共治理的有序理性。

按照中共阳泉市委非公经济组织和社会组织工委2022年工作安排，阳泉市住房和城乡建设局机关党委和物业管理指导中心认真落实，按照依托住建部门及物业行业协会组建物业行业党组织指导开展"红色物业"创建，确保党建工作不断线、党的领导不削弱，防止"脱钩"变成"脱责"、管党建与管业务相脱节的要求，在调查摸底的基础上，组建成立了阳泉市物业行业党委，并着手开展工作。

第一，组建成立阳泉市物业行业党委，以物业行业高质量党建引领物业高质量发展。经过一系列前期工作，在市委组织部、市非公党委和局党组的领导下，2022年6月10日，阳泉市物业行业党委正式成立。会上读了中共阳泉市委组织部《关于成立中国共产党阳泉市物业行业委员会的通知》，介绍了市物业行业第一届党委班子，明确了各委员单位的职责分工。

第二，健全物业行业党建工作领导体制。市、县两级都已成立物业行业党委。各区（县）、高新区物业行业党委都注重强化政治功能，抓好党的路线、方针、政策在物业行业中的贯彻执行，指导辖区物业服务企业加强党建工作。全面加强物业企业党建工作，着力打造"红色物业"，把党的组织有效嵌入物业企业。一是加强物业企业党支部标准化规范化建设。加强党的阵地建设，建立党员活动室，"六有"标准落实到位。突出"红色物业"的内容，通过设置"红色物业"议事厅、"红色物业"服务公示栏、"红色物业"标志、"红色管家"元素和"红色物业"服务场景宣传栏等，体现物业企业红色文化。严格落实"三会一课"、组织生活会、民主评议党员等制度，充分发挥党组织对物业工作和党员群众的凝聚、引领、服务功能。二是建立物业企业参与社区治理的协调联动机制。（1）建立党群联席会议制度。建立由社区党组织牵头，物业企业与居民委员会、业主委员会等共同参加的工作联席会议制度，制定联席会议议事规则和工作流程，定期召开工作联席会议，对涉及物业服务管理的矛盾纠纷、居民关注的重大事项等，共同协商研究解决。不断完善物业事务多方参与的联动分析、联动处置工作机制，深化以社区民情恳谈会、社区事务协调会、社区工作听证会等为重点的协商共治机制，推动构建形成物业与社区党组织、居民委员会、业主委员会"四位一体"的城市基层治理格局。

（2）融入区域化党建工作机制。物业企业党组织要在街道社区党组织领导下，主动参与基层治理，与其他驻区单位党组织一道，推进组织共建、人才共育、阵地共享、活动共联、服务共促，形成物业服务与社区治理共驻共建、融合发展态势。主动融入社区党建网格化管理，发挥物业企业自身优势，积极做好社区网格的走访、巡查、管理、服务等工作，收集居民群众意见建议，及时反馈各类信息动态，协助街道社区党组织解决社区问题矛盾。要配合社区党组织做好在职党员进社区工作，通过组建"红色物业党员志愿服务队"等，组织引导在职党员主动认领社区服务岗位，积极参与社区治理和物业服务工作。

（3）加强全市创建"红色物业"示范点活动。2022年，阳泉市在抓党建促基层治理能力提升专项行动中，深入开展"红色物业"创建活动，出台具体《实施方案》，各县区确定9个物业服务企业为示范点，以点带面，辐射带动，积极构建街道社区党组织领导下的业委会（物管会）、物业企业、志愿者组织、驻区单位等共同参与的多方联动协调机制，组织居民党员主动亮身份、办实事，充分发挥居民党员在小区自治管理中的先锋模范作用，定期召开会议，协商解决事关居民切身利益的重大事项，形成同频共振、同向发力的工作体系，推动全市物业行业党的建设向更高阶段迈进。打造一批小区"红色物业"示范点，通过以点带面、示范引领，积极发挥物业服务企业在社会治理中的作用，逐步推进物业服务企业党建全覆盖。分步骤、分阶段开展"红色物业"示范点创建和评估验收工作，认真总结经验并逐步推广。通过打造"红色物业"示范点，以点带面，推动全市物业管理服务水平整体提升。同时加强宣传引导，传播"红色物业"好声音、正能量，塑造"红色物业"好品质、新形象。

第三，组建业委会（物管会）。各区（县）、高新区工作专班要针对业委会（物管会）成立少、成立难问题，对符合成立业委会条件的小区，指导街道（乡镇）党（工）委要成立工作组，提前介入，分析研判，加强组建工作的指导。对尚不具备成立业委会条件的，由街道（乡镇）党（工）委牵头，在社区居委会下设立物管会，代行业委会职责，切实弥补业主组织缺失，破解社区治理难题。街道（乡镇）党（工）委和社区居委会要严把业委会（物管会）的人选关、程序关，逐步提高业委会（物管会）中党员比例，原则上不少于50%，业委会（物管会）主任一般应由党员担任，推动符合条件的社区"两委"成员通过法定程序兼任业委会（物管会）成员。鼓励"两代表一委员"、机关（退休）党员干部参选业委会（物管会）。

第四，小区物业服务全覆盖。各区（县）、高新区工作专班要牵头深入开展无物业服务小区清零行动，切实解决无人管事、无钱办事等问题。一是打包整合老旧小区。引进一批经验足、服务好的物业，在充分考虑老旧零散小区地理位置、小区规模、居民组成等因素的基础上，将无物业小区捆绑打包由其接管，实行规模化管理。打破小区地域限制，通过共享水电维修，秩序维护、绿化等方式来降低物业企业整体的运营成本，实现无物业小区的物业服务全覆盖。二是采取市场化运作模式，增强老旧小区造血功能。发挥住宅专项维修资金、物业费等资金的撬动作用，吸引金融机构参与改造提升小区配套设施建设，降低物业服务成本；鼓励物业服务企业在提供基础服务的同时针对居民的多样化、多层次需求，开展差异化服务，提高物业服务企业收益；通过盘活社区国有资产、零星地块等资源，引进市场主体，收益部分反哺社区用于物业服务；充分盘活小区公共资源，将经营理念引入物业管理，因地制宜开展经营活动，利用公共区域、共有部位经营等方式产生收益，反哺物业服务企业，提升物业服务企业承接老旧小区的积极性；积极探索"以大带小、单位代管、小区联建、居民自治、连片管理"等模式，引导企业接管小区服务。三是扶持发展壮大物业服务企业。引导扶持一批物业服务好、居民满意度高、党组织健全的物业服务企业，在政策上予以倾斜，支持和帮助其不断做大做强，形成规模经营。规范物业市场秩序，打破物业服务终身制，清理退出一批暴露问题多、服务质量差、群众评价低且拒不整改的物业服务企业。鼓励物业服务企业通过良性竞争获得市场份额，形成能进能退，服务至上的物业市场竞争机制。四是做好物业服务托底工作。对于暂无法以市场化模式解决物业服务的小区，各街道（乡镇）要做好兜底管理。各区（县）、高新区结合本地实际，制定分类别阶梯式对符合条件的物业服务企业进行财政资金补贴政策，并明确财政补贴过渡期，通过充分培育市场，逐步引导物业服务企业向市场化过渡。

第五，物业服务企业、业委会（物管会）党建工作全覆盖。2022年，各区（县）、高新区工作专班对物业服务企业和业委会（物管会）党建工作情况进行摸底，建立工作台账。采取单独组建、"大带小、新带老、零散小区打包捆绑"等形式，推动符合条件的物业企业全部建立党组织。对暂不具备组建条件的物业服务企业，通过社区选派党建工作指导员、引导企业招聘党员员工等方式实现党的工作全覆盖。物业服务企业党组织关系一般隶属所在社区党组织，跨社区组建的党组织一般隶属街道党（工）委或区（县）物业服务行业党组织。街道（乡镇）党（工）委要推动符合条件的业委会设立党支部或党小组，鼓励业委会（物管会）和物业服务企业党员负责人担任社区党组织兼职委员。物业服务企业、业委会（物管会）党组织要认真落实党的各项规章制度，引导和监督企业遵守国家法律法规，积极融入社区治理，促进企业健康发展。

在阳泉市的物业党建实践中，强化了基层党组织对社区治理市场主体的政治引领作用，重新定位了物业企业在社区治理中的角色，重塑了物业企业与其他治理主体的关系，培育了物业企业融入社区治理的合作共治机制，对于促进社区"善治"、以"党"为轴心加强团结、发挥党的群众组织力具有重要意义。

4. 流动党员党建

随着城市化的快速推进和市场经济的深入发展，人口的流动和转移是一个必然趋势。然而，社会上人口可以不断流动，但党员组织关系不能长时间处在流动状态，即党员不管流往何处，都必须保证把自己始终纳入党组织的有效管理之中。由于党员流动的情况普遍存在，流动党员的管理内容、流动党员的管理手段、流动党员的管理保障、流动党员的管理体制建设都成为难题，进而导致基层组织设置难、骨干队伍构建难、学习教育开展难、组织活动落实难、服务保障到位难等情况。再者，流动党员又往往是年纪轻、能力强、有创业精神的优秀青年，在外出务工者群体中具有一定的影响力和号召力，但他们在务工城市也经常性地面临着较大生存压力，生活在城乡"边缘化"状态，精神生活贫乏，长此以往，必将导致党员流出地区基层党组织的"空心化"，削弱党员流出地区基层党组织的凝聚力。另外，流动党员长期不参与组织生活党性观念将会逐渐消失，党员素质将会逐渐降低，给党组织带来极大的损失。

阳泉充分意识到加强流动党员管理的紧迫性，完善流动党支部建设，是充分发挥流动党员先锋模范作用的必要前提，也是发挥党的群众组织力的基础性条件。

2017 年 3 月 2 日，中共阳泉市公共就业和人才服务中心流动人员总支部委员会成立，下辖7个党支部（流动人员第一党支部、流动人员第二党支部、流动人员第三党支部、流动人员北京支部、流动人员上海支部、流动人员西安支部、流动人员成都支部），现有1146名流动党员，人员构成以毕业后未就业，到民营、私营企业就业，辞职、辞退专业技术人员为主（见表4-1）。党总支成立以后根据《党章》规定，相继出台了一系列党员管理办法，包括《流动人员党支部管理暂行办法》《流动党员管理办法》《流动党员教育管理》等。

表4-1　　　　　　　　　流动党员基本情况

党组织名称	入库党员	预备党员	女党员	少数民族党员	大专及以上学历党员
中共阳泉市公共就业和人才服务中心流动人员总支部委员会	1146	108	785	7	1061
中共阳泉市公共就业和人才服务中心流动人员第一支部委员会	827	88	570	3	751
中共阳泉市公共就业和人才服务中心流动人员第二支部委员会	88	16	58	1	85
中共阳泉市公共就业和人才服务中心流动人员第三支部委员会	3	0	1	0	3
中共阳泉市公共就业和人才服务中心流动人员北京支部委员会	172	0	122	1	167
中共阳泉市公共就业和人才服务中心流动人员上海支部委员会	37	3	19	2	36
中共阳泉市公共就业和人才服务中心流动人员西安支部委员会	13	0	11	0	13
中共阳泉市公共就业和人才服务中心流动人员成都支部委员会	6	1	4	0	6

资料来源：作者调研中所得的材料——《中共阳泉市公共就业和人才服务中心流动人员总支部委员会基本情况》。

（1）流动党支部设置。阳泉市公共就业和人才服务中心流动人员基层党支部的建立，按照流动党员的工作去向和地域，本着有利于对流动党员的教育、管理、服务，方便流动党员开展活动的原则分类设置，具体如下：第一，本地流动支部。以返回原籍的未就业或灵活就业流动党员为基础，组建本地支部，也可按行政区域划分若干基层支部。第二，联合（行业）流动支部。以中心人事代理单位中的流动党员为基础，有 3 名党员以上的可以成立流动党支部；流动党员较少的代理单位可组建联合支部。第三，异地流动支部：以异地流动党员为基础，在流动党员较为集中的城市组建异地流动党支部。第四，积极探索和创新组织类型，研究建立高层次人才、留学生及预备党员等形式的基层党组织。

（2）流动党支部工作职责。第一，要按照党总支工作部署，定期组织学习，加强管理和监督，增强流动党员的党性修养和宗旨意识，定期开展民主评议党员和谈心谈话工作，发挥基层党支部的战斗堡垒作用。第二，各基层支部要结合流动党员特点，开展形式多样、内容丰富的组织活动，增强流动党员的归属感和荣誉感。第三，加强与党员的沟通联系，了解、关心党员的思想、工作、生活情况，积极帮助流动党员解决实际困难，增强基层党组织的凝聚力。第四，对本支部预备党员进行考察，组织转正讨论。第五，负责本支部党费的收缴，并及时上交流动党总支。

（3）流动党员管理。第一，党员因各种理由要求外出流动的，原则上应在外出流动前一个月内向所在党支部提出申请，经同意并按有关规定办理手续后方可流动。第二，党员外出流动前，必须向所在党支部报告外出原因、外出地点、外出期间从事活动的内容以及外出后与党组织的联系方式等。党支部要建立外出流动党员登记表，在党员流动前对其进行党员管理基本要求等方面的教育，并根据实际情况，进行分类管理。第三，党员单独外出，有固定地点或单位，时间在 6 个月以上的，应将组织关系转到流入居住地或单位党组织，外出 6 个月以内或长期外出但流动性大、暂时无法转移组织关系的党员，要领取《流动党员活动证》，到流入地参加组织生活，时间在 3 个月以内的，仍在原党组织参加党的组织生活。第四，流动党员持有相应的手续后，应及时到流入居住地或单位的党组织转接组织关系，或与流入地党组织取得联系，积极参加组织生活。原党支部要指派专人与流动党员保持经常性联系，及时了解流动党员在思想、工作、生活等方面的情况，通报上级党组织对党员的要求。持《流动党员活动证》外出流动的党员返回后，党支部要及时查验《流动党员活动证》。第五，开具党员证明信或持《流动党员活动证》外出的流动党员，在原所在党支部享有表决权、选举权和被选举权，其原所在党支部召开党员大会进行选举时；如外出党员确因情况特殊无法到会经党员大会同意可不计算为应到会人数。第六，流动党员持党员证明信或《流动党员活动证》在外流动期间，应每季度向原所在党支部汇报思想和工作情况，按时交纳党费。第七，对外出不向党支部报告，连续 6 个月不交纳党费，不参加组织生活，不与党支部取得联系的流动党员，党支部应按照党章有关规定给予其除名。第八，流动党员党支部，组织流动党员开展政治学习，过好组织生活，进行民主评议，引导党员履行党员义务，行使党员权利，充分发挥作用。对组织关系不在本支部的流动党员民主评议等情况，应当通报其组织关系所在党支部。

（三）新兴业态和互联网党建

习近平总书记强调，要探索加强新兴业态和互联网党建工作，扩大党在新兴领域的号召力和凝聚力。现代经济和互联网技术的飞速发展促使市场需求、商业模式和空间分布发生了结构性转变，孕育出大量新兴业态与互联网企业。新兴领域党建工作区域分布不均衡，市场主体数量大、规模小、分布广，党员流动性强，人员年轻化、知识化、个性化，相较传统领域更为复杂。这也意味着新兴业态与互联网党建有着极为丰富的人才资源，是发挥党员人才优势和基层党组织凝聚力的重要场域。

阳泉新兴业态和互联网党建的创新实践，对新时代探索完善新兴业态党建工作，对巩固党的执政基础、增强党的号召力和凝聚力，无疑具有重要意义。

1. 快递行业

阳泉市快递行业党委成立于2021年5月，全行业党员共224名，其中邮政企业210名，快递企业5名，机关9名；成立联合党组织6个，行业党建工作达到了100%覆盖。现拥有民营快递企业16个，备案分支机构122个，末端网点246个，合计368个。从业人员近2000人，网点遍布全市32个乡镇、620个行政村，已建设市县级标准化分拣中心2个。一是夯实党建基础。进一步探索党建机制创新工作，对党的思想建设、组织建设、作风建设、加强领导等方面进行全面部署；做好党员的发展和教育工作，严格发展工作程序，严把发展党员"入口关"，发展了25名入党积极分子。二是突出党建引领。抓住发展新机遇，坚持党建引领、市场主导，创建"党建＋快递业"特色品牌，借力党建赋能，构建最优营商环境。制订特色品牌打造计划，用党支部的优势加快快递业发展速度，用最优的党员服务、最强的党组织领导、最佳的党企融合模式，减少经营过程中出现的问题，推动快递业建设发展。三是开展"暖蜂行动"。依托主管部门、行业协会、行业工会等，开展帮扶慰问、夏送清凉等活动，组织党员志愿者在重大节假日到快递网点帮忙服务，帮助同事、朋友、亲属协调解决问题，强化关心关爱，用党的关怀去切实提供服务，营造相互关怀的良好营商环境氛围，更好助推企业人员强、发展强。

2. 物流行业

阳泉市物流行业党委成立于2021年9月，目前全市三区两县均已建立物流行业党委，下辖180家物流企业，设立党支部46个、党员90人，实现了党组织覆盖率100%的目标。一是"高站位"加强党的建设。按照市委确定的"全市党建工作进入全省第一方阵"和"管业务必须管党建"的要求，市物流行业党委牵头抓总，与各级党组织各司其职，齐抓共管，形成了同向用力、上下联动的整体效应。二是"全覆盖"建强基层堡垒。市物流行业党委全力推进基层党组织"全覆盖"：已建立党组织的企业，实行属地管理，理顺隶属关系；未建立党组织、3名以上党员的企业，督导建立党组织；党员不足3人的企业，建立联合党支部；尚无党员的企业，派驻党建指导员开展工作，有效破解了"组织零散化、党员流动化"的问题。三是"高标准"建设党建阵地。制定下发了《阳泉市物流行业基层党支部党员活动室建设方案》，图文并茂、形象生动地提出了建设要求。各级党组织迅速行动，对标对表，建设高标准党员活动室，使之成为党员政治学习的中心、思想教育的阵地，切实增强党员归属感。四是"实举措"确保党建实效。各级物流党委通过"上门访、设点招、熟人找"等方式全方位摸底排查，详细掌握了物流企业的网点分布、经营现状和党员底数等情况。针对物流企业"体量差别大、业务分类细、行业变动快"的特点，一企一策，帮助企业建立组织架构。同时，加强对基层党组织考核评比，及时总结经验，改进不足。

3. 互联网行业

互联网的发展为推进党的建设提供了新机遇，为上情下达、下情上传、密切联系群众提供了便利工具。利用好互联网，能够为密切党群联系、提高基层党组织为人民服务的能力提供便捷高效的新途径。阳泉市互联网行业党委成立于 2019 年 10 月，目前全市共有各类互联网企业 15 家、联合党支部 6 个，党员 29 名，在岗职工 808 人，实现了党组织覆盖率 100% 的目标。一是创新工作思路，提升组织与工作"双覆盖"。突破地域界限，通过跨区域联合组建、挂靠组建等方式，在互联网企业聚集区探索建立园区支部、楼宇党组织、互联网领域党建工作站，对众多小型初始企业由街道（乡镇）党委进行区域化管理，消除党组织的空白点和盲区。突出互联网企业自身业务优势，采取"互联网＋党建"模式，坚持线上与线下并重，打破传统以线下党建活动为主的活动形式，充分发挥自媒体时代网络活动特色，有效提升服务活动的便捷性。二是破解发展难题，加强互联网企业党建基础。印发《阳泉市互联网行业党委工作要点》等，完善"四个优先""双培养""双向进入、交叉任职"等制度，不断强化基层基础。鼓励互联网企业通过党建微会议、微课堂等形式开展党员教育活动，利用"学习强国"、领航阳泉等开展线上学习，坚持党员周五晒积分、晒笔记制度，通过"每周一测试"检验学习效果。定期组织互联网行业党委委员赴党建联系点开展工作。连续两年开展"红心向党 红心办网"西柏坡，"建党百年 风华正茂"武乡主题党日活动。三是凝聚人心、深化服务，增强互联网企业工作凝聚力。将互联网行业党建与乡村振兴、疫情防控等中心工作有效融合，组建以党员为骨干的志愿者服务队，积极开展各种形式的公益活动。创新"互联网＋党建＋助农"模式，开展抖音带货直播等活动，2022 年助农销售金额达 90 余万元，阳泉网红支队通过互联网平台开展助农扶贫、助残等活动。高考期间，互联网行业党员队伍还组织了爱心送考等活动。

（四）网格化党建

网格化是建立在信息化基础上的一种社区治理模式。它以主动发现和解决问题、科学封闭的管理机制为自身优势，将过去传统、被动、定性和分散的管理，转变为今天现代、主动、定量和系统的管理，能够有效提高社区治理的效能。

网格化治理必须始终坚持基层党委对社会治理的领导，推动党的战斗堡垒前移至网格，坚持把党的建设贯穿社会治理工作的全过程和各环节，充分发挥党组织和党员组织引领、能力引领和机制引领作用，通过组织同构、人员同聘、工作融合等方式确保基层党组织的领导地位和引领作用。

2022年，阳泉市委、市政府领导重视，高位推动，全面部署党建引领基层网格治理各项工作。市委政法委及时印发了《关于党建引领基层网格治理工作实施方案》，要求要深入贯彻落实省委、市委关于抓党建促基层治理能力提升专项行动工作要求，进一步提升党建引领基层网格治理工作水平。2022年是山西省"综治中心规范化建设提升年"，阳泉市委平安建设领导小组出台了《阳泉市各级社会治安综合治理中心规范化建设提升年活动实施方案》，方案要求各级综治中心规范化建设要将坚持党建引领作为首要工作原则。2022年5月10日召开的平安阳泉建设重点工作部署推进会上着重强调要坚持把党建引领作为基层社会治理的核心，深化网格化服务管理工作，充分发挥基层党组织在基层社会治理中的龙头牵引作用，强化党组织的组织力和统筹力，形成合力共治的基层治理格局。深入推进党建引领基层网格治理工作，全面推进网格党组织建设工作，配齐配强人员队伍，加大资源整合力度，推动各级综治中心提档升级。

阳泉发挥党建引领，全面构建"全科网格"组织体系。

第一，优化网格设置。按照"规模适度、界限清晰、无缝覆盖"的原则，全面整合党建、社保、应急、社会救助等网格，在村（社区）居住区域划分普通网格，在工业园区、商圈市场、学校、医院、景区等划分专属网格，实现"多网合一、一网统筹"。在村（社区）按照"普通网格"＋"微网格"的标准划分。"普通网格"按照不超过300户1000人，人口密集区域不超过500户1500人的标准划分；"微网格"按照30—50户的标准划分。截至2022年，全市累计优化调整网格（含专属网格）62个，网格规模达到2226个，其中社区网格966个，农村网格988个，专属网格272个，微网格17040个，做到了无盲点、无遗漏、无死角、无重合，并建立"平战结合"机制做到"平时划好，战时启用"。郊区存在待重新核实认定的城市网格45个，已督促郊区与组织部配合尽快加以认定，按照相关规定，重新划设。

第二，建强网格党组织。坚持以党建为引领，以网格化管理为载体，以精细化服务为重点，以群众多样化需求为导向，在全市1954个普通网格的基础上，同步设立网格党支部1954个，做到网格党组织全覆盖。以行政村（社区）为单位划分网格的，网格党支部书记由村（社区）党组织书记担任；划分多个网格的，网格党支部书记（党小组组长）由村（社区）党组织成员或党员骨干担任。符合条件建立党小组（有3名党员）的"微网格"，已建立党小组共8995个。在"全科网格"全面建设完成的基础上，推行"党建＋全科网格"工作机制，在党组织领导下，网格员开展组团服务，形成强大合力，在党的建设、人居环境整治、信访维稳、疫情防控、安全环保以及意识形态等重点工作上成效显著，与2021年同期相比，网格员事件上报量增长了84.52%，大大提升了为民服务的实效性和便利性。

第三，配强网格工作力量。坚持关口前移，优化人员选配，全面提升网格员队伍整体素质。基层综治中心按照"1＋3"模式充实优化网格力量，以党员网格员为核心，选树先进典型，深度挖掘网格员的榜样力量，扩大网格员队伍，组建"网格长＋网格员＋网格辅助员＋微网格员"。"乡村振兴万人计划"招聘 108 名大学生担任兼职网格员。全市有"微网格员"17168人，协助网格员开展工作。同时，吸收在职党员、"五老人员"、楼院长、群众志愿者等担任"微网格"管理员，推选党员骨干家庭创建党员中心户，着力创建党建新格局，深度推进党员中心户阵地建设，将党员中心户打造成为网格内宣传服务功能强大的"红色基站"，不断发出服务信号，辐射更多居民群众。特别是在疫情防控期间，以党员中心户为活动单元，积极宣传引导身边居民落实防疫政策，发挥了"一户带一片""多片带整体"的积极作用。2022 年上半年，全市网格长 774 名，网格员队伍达到 2226 名（专职网格员占绝大多数），其中党员 1193名；网格辅助员 3273 名，微网格员 17249 名，网格员队伍的力量得到了显著加强。全市各县区均建立起了网格员考核奖惩制度，采取日常考核和年度考核相结合的方式，将网格员信息采集，隐患排查，任务执行，宣传发动，群众满意度等指标内容纳入考核之中，网格员管理更加科学规范。

第四，落实经费待遇保障。按照阳泉市"两办"《关于深化网格化服务管理的实施意见》文件要求，城市专职网格员待遇不低于当地最低工资标准执行（每月 1500—2650 元），农村网格员待遇比照"两委"主干以外的干部执行，每月不低于 500元。目前正在探索城市专职网格员纳入社区工作者管理，享受社区工作者相关工资待遇。网格辅助员和微网格员工作补贴目前由各村（社区）自行解决。网格员所需经费已全部纳入同级财政预算，保证按时足额发放到位。此外，网格员每月有话费补助、有效信息奖励费，同时增设了"每月之星"和"年度十佳"奖金，网格员的荣誉感、积极性明显增强。

五　群众路线为原则的社会号召力

　　中国共产党的社会号召力，是通过政治权威、执政绩效、意识形态对社会成员进行引导、感召与凝聚，使社会成员产生向心力、认同力与归属感，共同实现政治目标的能力。① 实质上，政治认同与政治参与是党的社会号召力的一体两面，它是一个关于政治输入与政治输出问题。在这个意义上，党的社会号召力关系到党的执政合法性问题，是党的政治动员能力。党的社会号召力的基本原则就是"群众路线"，即一切为了群众，一切依靠群众，从群众中来，到群众中去。"党的群众路线，是我们党的根本的政治路线，也是我们党的根本的组织路线。"② 它体现在"以人民为中心"的意识形态价值及其实践上。

　　党何以可能"代表人民的利益"与取得"群众拥护"，即如何谋求党群利益切合，也即党与群众的利益一致性，要解决群众政治认同的问题。因此，走"群众路线"，通过政治输出和输入方式获得政治认同，给党和政府提出了三个极具挑战性的现实问题：如何做好利益代表，如何做好利益整合，如何处理好与代表民众具体利益的各种机构团体的关系。这三个问题是对执政党执政能力的严峻考验，也是加强执政能力建设的重

---

　　① 贺玉红：《党的社会号召力产生机制与新时代提升》，《湖湘论坛》2022 年第 4 期。
　　② 《刘少奇选集》（上），人民出版社 1981 年版，第 354 页。

要动力。① 因此，新时代群众路线要解决的政治认同问题，一个是因利益分配机制的多元化可能产生的脱离群众问题，这个问题会导致政治动员能力的弱化；另一个是党政组织科层化带来的官僚主义问题，这个问题会导致政治认同下降。

所以在今天，如何把个体化的社会关系凝聚于国家政治意识形态上来，"从群众中来，到群众中去"的群众路线具备了政治输入与政治输出两种功能：要求与支持。对于要求，是群众基于自己的利益而向政治体系提出的各种希望。② 满足群众利益表达需求，就能得到民众的政治认同和政治支持。也就是说，群众路线原则要求党要始终把全心全意为人民服务作为根本宗旨，将人民群众的利益放在首位，赢得人民群众的拥护支持，并且将正确的主张变成人民群众的自觉行动。因此，群众路线成为党的一条根本性的政治路线和指导一切工作的政治方针。

阳泉党的社会号召力建设，坚定地走群众路线，倾听民意，汇集民意，惠民富民，对目标群体或阶层的动员力度集中体现在社会各方以合作协商、共建共享的方式共同处理经济社会问题，真正做到以群众路线的原则解决现代国家的政治输入与政治输出问题，把党的社会号召力转化为不同的社会群体动员团结起来并付诸行动的能力，夯实了党的执政合法性，把党和政府与广大人民群众的关系真正确立在利益共享与价值共享的基础上。

（一）群众意见进入决策过程

改革开放以来，人们的生存机构、生产结构和社会联系方

---

① 李春明：《政治输入与当代中国的政治认同建设》，《当代世界社会主义研究》2008 年第 2 期。

② ［美］阿尔蒙德、小 G. 鲍威尔：《比较政治学：体系、过程和政策》，曹沛霖等译，上海译文出版社 1987 年版，第 112 页。

式都发生了巨变,从过去的单位社会进入现在的公共社会,体制内的人员在减少,体制外的人员在不断增加。一方面,社会异质化,分工分化,利益多元化,价值多样化。那么,如何把分散的、利益分化的个体和群体整合进国家规范化、制度化的管理体系当中,这是党和政府迫切需要回应的一个现实治理问题。但另一方面的现实是,政治参与不够,参与渠道不畅,这其中包括人大和政协这类代议机构的汇集民意、反映民意的作用发挥得不够,以致集中于社会分歧与冲突的大量群众意见不能进入党和政府的决策过程当中。

阳泉让人大和政协运转起来,充分发挥代议机构的政治功能,尤其要反映民意、整合民意并将其纳入党和政府的决策过程当中,真正做到以人民为中心,带来了人民群众的政治认同和社会秩序稳定,这是阳泉党的社会号召力建设最具活力、最有效率的创新举措之一。

1. 人大代表联络站(点)

在阳泉,人大代表联络站点已建成33个,实现了街道全覆盖。2021年以来,各代表联络站点共开展活动50余次,参与的各级代表达到320人次,接待群众2000余人次,受理群众反映的意见建议500余件,并通过开展专题视察和监督督促问题得到解决。下面我们把阳泉矿区作为一个典型,来看一看人大代表联络站(点)关注的问题领域以及其是如何运转起来的。

自2019年以来,以方便群众和代表参加活动为原则,矿区人大常委会选择在人口相对密集的街道和村、社区,充分利用现有设施和场所建设代表联络站(点),并不断推进联络站(点)标准化建设,确保有固定场所、有统一标牌、有工作设施、有学习资料"四个有",人员配备到位、经费保障到位、台账管理到位"三到位",公开代表信息、公开工作制度、公开年度计划、公开履职成果"四公开"。至2022年,全区共建有6

个联络站、27 个联络点，230 余名五级代表按照就地就近原则，全部编组进站（点）开展活动，实现了代表联络站（点）联系无死角、代表全参与、活动全年度、内容全方位、办理全过程，并建成了"代表联络站—代表联络点—网格联络服务点"三级网络体系。主要做法如下。

第一，制度运行规范化。矿区人大常委会建立和完善了代表联络站（点）工作、学习、活动、述职、联系群众等一系列制度，明确各方主体责任，细化规范接待流程，健全运行机制，全面推进代表联络站（点）建设提标提档；进一步规范活动开展，根据代表专业特长和岗位优势，兼顾各层级代表，合理做好代表进联络站（点）排序计划，安排代表在每月的固定接待日走进联络站（点），开展接待群众活动，收集掌握民情信息、听取意见建议；进一步健全分级办理机制，加强督促落实，确保意见建议办理到位；进一步完善激励约束机制，建立代表"一人一档"履职档案，将代表联络站（点）建设及代表履职情况作为代表联络站（点）评先和代表履职评估的重要依据，让联络站（点）真正成为代表规范、高效履职的阵地。

第二，活动开展常态化。代表联络站（点）坚持每月定时接待群众、受理群众反映的问题，还开展了丰富多彩的活动。围绕市委中心工作和事关群众切身利益的问题，人大代表走进联络站（点）开展民生实事项目征集、乡村振兴、疫情防控等主题接待活动，进一步为中心工作的落实提供有力保障。市级领导干部以人大代表身份带头走进联络站（点）开展接待活动，受理群众意见建议，协调解决实际问题。同时，矿区人大常委会有计划地组织"一府一委两院"领导以及政府部门负责人走进代表联络站（点），听取代表群众的意见建议；结合"两联系"工作制度，不断拓宽联系群众的覆盖面，提升群众知晓度和参与度，依托联络站（点）更好地了解社情民意，推动相关问题解决。

第三，问题解决实效化。为党政分忧、为群众解难是代表工作的重要目标。联络站（点）紧紧围绕区委工作重点、百姓关注热点、政府工作难点，当好人民和政府间的桥梁纽带，发挥好代表主体作用，带动基层广大群众，监督助推中心工作。2021年以来，各联络站（点）共开展活动50余次，参与的各级代表达320人次，接待群众2000余人次，受理群众反映的意见建议500余件，并通过开展专题视察和监督督促问题得到解决。

第四，履职创新化。矿区人大常委会高度重视联络站（点）建设运行情况，定期听取工作汇报，经常性研究新情况、解决新问题，不断优化经费服务保障，将联络站（点）建设和运行经费纳入财政预算，为无固定收入的联络员发放补贴；组织观摩评比各街道联络站（点）建设运行情况，通过探讨交流，进一步拓宽工作思路，提升建设水平；通过预算联网监督系统在联络站（点）开通网上审议通道，在区人代会召开前组织代表在联络站（点）网上预审即将在区人代会上审议的6个工作报告，有效提升了审议质量。

下面以城区蔡洼街道和沙坪街道的人大代表联络站（点）为例，进一步了解其运转机制及其政治社会效果。

（1）蔡洼街道案例。蔡洼街道人大工委坚持把加强人大代表联络站建设作为保障人大代表密切联系群众、更好发挥代表主体作用的重要抓手，不断规范和提升代表联络站功能，为代表依法履职、联系群众搭建了良好平台，架起了代表和群众常态化沟通的桥梁。一是解决群众"烦心事"。蔡洼街道人大代表联络站成立以来，聚焦群众关注的操心事、烦心事，充分发挥联系服务群众的作用，有效激发代表履职热情，打通了代表联系群众的"最后一公里"，解决了22件群众"急难愁盼"问题，在代表与群众之间建起了一座沟通交流的"连心桥"。例如，蔡洼街道居民楼错综复杂，大多地理位置偏高，出行问题是居民心中最大的痛。2019年10月10日，市人大代表走进蔡洼街道人大代表联络站开展"不忘初心、牢记使命"主题教育时，基层社区反映了这一难题。希望通过人大代表，把声音和需求传达给有关部门，切实解决他们生活中的难题。了解这一情况后，代表们快速响应，第一时间联系市交通运输局和市公共交通总公司的负责人前来实地走访。经过多次踩点、走线，确定站点位置，安装公交站牌，10月18日，112路公交车试运行，附近居民多年的出行难问题得到了解决。二是促进代表联络工作，健全制度。蔡洼街道人大代表联络站出台了"171"工作职责、制度和流程，即1项机构职责；人大代表联系群众制度、活动制度、述职制度、履职考核制度、联络站活动制度、意见办理制度和档案管理制度7项制度；1项人大代表意见提出和处理流程。每月10日、20日，代表们分批进站联系群众，每季度首月10日为代表活动日，人大代表集中进站履行义务，广泛听取群众的意见建议。落实"14710"工作机制，开展了"十个一"活动，即4项参加、4项开展、1项提出、1项帮扶，让代表进站履职有计划、有载体、有内容、有实效，助力落实森林草原防灭火工作责任、脱贫攻坚决战完胜和"三零"单位创建深入开展，充分发挥人大代表作用，把人大代表联络站建成凝聚代表力量的重要枢纽；着眼于强化功能，加大监督力度，开通人大预算联网平台，代表进站履职时可通过这一平台，监督政府各职能部门的预算执行情况和自己提出的意见建议办理落实情况；着力于提升作用，加强民主法治宣传，充分利用住宅小区的休闲场地和公共设施，加大对法律的宣传力度，逐步打造民主法治广场、走廊和楼宇，增强居民的民主意识和法治意识，培育全社会办事依法、遇事找法、解决问题用法、化解矛盾靠法的法治环境。

作为听取民声、集中民智，汇聚民意的窗口，各级人大代表增强履职意识，定期通过人大代表联络站察民情、听民意、解民忧。截至2022年上半年，31名代表全部进站履职，共接待群众 59 名，反映群众意见建议 37 件，采取点对点、面对面方式进联络站、到社区、入乡村答复群众办理落实 27 件，受到群众普遍好评，进一步提升了人大工作的影响力，全面促进了社会和谐稳定，进一步推进基层民主和法治建设，展现了人大代表有担当，彰显了人大工作聚力量，突出了人民群众得实惠。

（2）沙坪街道案例。沙坪街道辖区面积 24.05 平方千米，下辖 7 个社区、4 个行政村，总人口 36000 多人，有区级人大代表 35 人、市人大代表 8 人。沙坪街道人大代表联络站着力"五个聚焦"，发挥"五大功能"。第一，聚焦普法宣传发挥好"宣传站"功能。充分发挥基层联络站点在宣传法律精神、推动法规实施等方面的职能作用，为联络站更好地联系服务群众、传达社情民意、助推基层治理注入法治新动能。2022 年以来，开展集中普法宣传 2 次，发放普法宣传资料 300 余份，发放、张贴宣传手册 200 余份。通过多形式、多举措开展普法宣传工作，把联络站建设成为宣讲党的政策、传递法治好声音的宣传站。第二，聚焦联系联络发挥好"连心桥"功能。联络站通过召开座谈会、走访等形式听取群众的意见建议，反馈了群众意见建议 29 条，解决民生实事 10 件。例如，沙沟社区里沙沟 6 号楼和 7 号楼一层没有防护栏，居民出行存在一定风险，代表积极联系施工队进行防护栏的安装工作，居民的问题得以解决，等等。人大代表联络站广泛吸纳群众意见建议，成为代表联系群众的连心桥。此外，人大代表对生活困难群众格外关心和关注，各级人大代表通过走访慰问，帮助十几位困难居民。第三，聚焦社情民意发挥好"民意窗"功能。联络站坚持结合日常工作察社情访民意，办好群众"急难愁盼"的民生实事。2022 年以来，联络站化解矛盾纠纷 5 件，完成"群众点单"服务事项 11 件，听群众"哨声"及时报道并解决事件 7 件，"一静多动"将联络站建设成为反映社情民意的民意窗。第四，聚焦"急难愁盼"发挥好"监督岗"功能。一方面，发挥人大代表的监督作用。在换届选举工作中，邀请2名人大代表担任选举监票、计票工作人员，让人大代表在行使权利的同时履行监督职责；另一方面，通过参与联络站的活动，对代表的履职情况进行监督，把联络站建成代表监督和主动接受群众监督的监督岗。第五，聚焦学习交流发挥好"大课堂"功能。联络站积极开展法治宣讲活动，邀请专业的法律人才开展法治宣讲；平时在特定节日开展普法宣传活动向群众宣传宪法、民法典、未成年人保护法等相关法律法规，增强群众的法律意识，提高思想认识。各联络站开展相互交流学习，把联络站建设成为全民学法普法、代表相互学习的大课堂。

2. 政协"有事来商量"平台

阳泉市政协根据自身的性质属性及职责范围，建立类似于村级组织"一事一议"机制的议事平台。第一，健全工作网络。各县（区）政协成立由主席任组长、副主席任副组长、秘书长任办公室主任、各专门委员会主任为成员的"有事来商量"议事室试点工作指导组，负责"有事来商量"议事室建设运行的全面指导、推进；建立"有事来商量"议事室联系指导制度，由市政协各副主席分别对接不同县（区），各专门委员会负责联系指导，各县（区）政协领导班子成员及各专门委员会分别联系指导试点乡镇（街道）、村（社区）"有事来商量"议事室建设运行的业务指导和推进工作，全力推动"有事来商量"议事室工作往深里走、往实里走；由县（区）政协委员挂钩联系试点乡镇（街道）、村（社区）"有事来商量"议事室，积极参与协商议事活动；各县（区）成立政协协商与基层协商有效衔接工作委员智库，强化对协商议事活动的专业支撑。第二，规范场所布置。试点乡镇（街道）、村（社区）"有事来商量"议事室在各级党委的领导下，按照"六个有"的工作要求，即有阵地、有标识、有制度、有流程、有活动、有实效，认真做好

"有事来商量"议事室建设和布置工作，重点加强氛围营造，建好协商议事平台。协商议事室可依托已有的议事、服务场所，结合委员工作室、委员之家等进行建设，参照政协"有事来商量"议事室建设模板内容，"有事来商量"议事室牌子由各县（区）政协统一制作，规范布置协商议事室标识标语、协商议事制度、协商议事成员、协商议事流程等内容，同时结合各自特点彰显自身特色。第三，明确协商主体。在同级党组织的领导下，充分发挥政协委员主体作用，由"有事来商量"议事室召集人组织开展协商议事活动。不同议题的协商议事活动，组织不同的政协委员、群众代表、利益相关方代表、相关部门负责人和政协智库成员共同参加。第四，确定协商内容。坚持问题导向、目标导向、结果导向，紧紧围绕党委和政府工作重点、群众生产生活难点和基层社会治理焦点组织协商。第五，规范协商程序。紧紧围绕"谁来搭台、协商什么、谁来协商、怎么协商、协商成效、质效评估"6个方面，研究制定"有事来商量"议事室协商议事工作制度，严格执行协商议事成员产生、议题提出、会议召开、结果实施等环节，切实提高协商议事活动规范化水平。坚持"不调研不协商"原则，组织参加协商议事活动的所有成员围绕议题，开展务实、充分的调研，掌握第一手的民情民意。

下面以郊区和矿区"有事来商量"协商议事平台的实践为例，进一步了解其运转机制及其政治社会效果。

（1）郊区"有事来商量"议事平台。2021年以来，阳泉市郊区政协结合郊区实际，按照协商为民、协商于民的理念，在全区7个乡镇、1个中心和部分村建起"有事来商量"议事室12个。在深入开展协商议事活动过程中，协商解决了合理规划停车位、农村居民养老、义务教育课后托管、人居环境卫生整治等一批群众关切的热点难点问题。截至2022年上半年，共举办"有事来商量"协商议事活动15场次，参与人数100余人次。积极推动政协协商与基层协商有效衔接，助力破解基层末梢治理难题，赢得了广大群众的好评。具体做法如下。

第一，强化组织领导，抓好关键责任。为压实工作责任，抓好"有事来商量"议事室建设工作落实，区政协制定出台《关于推进政协协商向基层延伸的工作方案》，坚持领导带头、以上率下，成立指导组，明确各位副主席及各委室负责人与各乡镇（开发区）联络组对接联系、指导督促的职责分工，强调建设"有事来商量"议事室、开展协商议事活动由各乡镇（开发区）政协联络组牵头，在同级党委领导下进行的工作要求，进一步清晰"有事来商量"活动流程，全面深化了"有事来商量"协商议事平台建设，确保规范有序运行。通过落实"三环联动"充分调动委员履职积极性，引导广大委员在"有事来商量"协商议事活动中充分发挥主体作用。

第二，坚持因地制宜，合理设置议事室。本着统筹兼顾的原则，同步推进"有事来商量"议事室和"政协委员之家"建设，在地点选择上既在乡镇政府设立，也在具备条件的村、社区、企业设立，既有单独设立的情况，也有"一室一家"合并，一个场地、两块牌子的情况。2022年，以各乡镇（开发区）联络组为主体，依托政协联络组在乡镇（开发区）和有条件的村（社区）、委员单位简约实用地建设了12个"有事来商量"协商议事室、5个委员之家。

第三，突出协商为民，创新协商形式。在开展协商议事活动的过程中，牢牢把握"协商于民、协商为民"的工作方向，做到政为民议、言为民建、策为民献、利为民谋、事为民做。例如，平坦镇"有事来商量"议事室围绕国道207、307绕城改线工程涉及辛兴村失地农民养老保险补偿款分配缴纳问题开展协商议事活动，深入实地调研、充分了解情况后，让政协委员、村民骨干、国道207和307绕城改线工程代表以及政协智库成员都参与协商活动，经过讨论商议，初步确定补偿分配方案，最后由辛兴村委会经民主程序通过，为全村 50 周岁以上村民共计 605 人缴纳了养老保险共计 1200 多万元。充分发挥了"有事来商量"议事室作用，成功地将政协履职触角向社区、农村有效延伸，让人民群众共享协商成果，让协商议事活动成为社会和谐稳定的"润滑剂"以及党委、政府科学决策的"助推器"，推动了基层治理效能的有效提升。

（2）矿区"有事来商量"议事平台。2022 年，阳泉市矿区在全区 6 个街道全部建成"有事来商量"协商议事平台，共 6 个，分别为：蔡洼街道"有事来商量"议事室，桥头街道"有事来商量"议事室，沙坪街道"有事来商量"议事室，赛鱼街道"有事来商量"议事室，平潭街街道"有事来商量"议事室，贵石沟街道"有事来商量"议事室。开展活动情况和经验做法如下。

第一，"三个抓手"搭建平台，延伸协商触角。一是建立平台。按照"六有"标准，以蔡洼、桥头 2 个街道平台建设为试点，以点带面，在全区 6 个街道全部建成"有事来商量"议事室，实现基层协商平台全覆盖。二是建立标准。出台了《关于推进政协协商向基层延伸试点工作的指导意见》和工作规范等配套制度，按照标准编制工作规范和流程，推动基层协商制度化、规范化、程序化。三是建立机制。推动街道议事室与委员之家、委员工作室三位一体建设和工作协作，建立区政协、街道联络组、村（社区）联络点三级协商联动体系，构筑起横向协作、纵向联动的协商工作机制。

第二，"三个关键"把脉开方，推进协商活动。一是围绕"商量什么"，合理确定议题内容。紧扣党政重点工作、群众关心关切和反映强烈的问题确定议题，在平台上进行充分讨论，力求在协商议事中破难题、解民忧。二是围绕"怎么商量"，摸清情况做实协商。细致走访沟通，摸清情况、找准症结，坐下来一起商量，进而达成共识、找到办法，形成各方都满意、都认可的协商结果。三是围绕"与谁商量"，优化扩大参与主体。组织政协委员、利益相关方、基层群众代表参与，邀请党政部门负责同志、专家学者等共同商议，参与协商的范围更大、层面更广，让政协协商与群众面对面，与民意零距离。

第三，"三个实效"塑造品牌，彰显协商作用。一是聚焦促进发展，成为党委、政府"好帮手"。聚焦全区中心工作，帮助解决基层没有条件、没有精力、没有时间解决的问题，助推党政决策更加科学合理、协商结果更加符合群众需求。例如，蔡洼街道针对 S1 路公交趟数少的情况，组织交警队负责人、公交公司负责人、居民代表、政协委员召开协商议事会，各方充分讨论后，确定增加一趟公交车次数，等等。二是聚焦为民谋福，成为人民群众"连心桥"。在群众家门口搭平台、搞协商，积极为百姓"急难愁盼"献计出力，极大增强了群众的获得感、满意度。例如，桥头街道针对黄水沟小区无车位乱停车问题，通过协商议事流程，议定在居民楼前为车主按规定规划车位，在划定休闲场所为居民安装公共座椅，等等。三是聚焦凝聚共识，成为委员履职"新平台"。广大委员深入基层、融入群众，积极参与基层协商议事活动，把协商议事与调研视察、提出意见建议紧密结合起来，切实履职尽责。

第四，"三个特色"发挥优势，提升协商质效。一是"来商量"促成"好商量"。让广大群众唱主角，各方自由提问、互动交流，面对面开展"圆桌协商"，商量得越多，共识就越大，人心就越齐。例如，桥头街道一住宅楼某户暖气管路破裂漏水，造成楼下十户居民受损失，住户供电系统不同程度被损坏，单元电梯进水无法使用。街道及时组织住户、物业、供电、律师各方共同参加协商议事会议，用近一个月时间进行追踪、协商、协调，圆满解决了问题。二是"专业人"贡献"巧智慧"。智库专家担任议事室固定成员，参与协商议事活动，切中要害，精准支招，帮助破解"老大难"问题。例如，蔡洼街道一居民在家中养鸽子，邻里矛盾升级，社区干部多次入户调解无果，邀请议事室法律顾问进行法律讲解、协调劝说，两户居民都做出让步，僵化的邻里关系得到缓解。三是"小切口"解决"大问题"。从细微处着手，从具体事着力，让协商之事确为群众所需所盼，活动开展以来，共开展协商议事28次，解决问题28个，有力推动了问题解决、矛盾化解。例如，沙坪街道秋沟社区一住宅楼，因煤气公司拆除瓦斯取暖旧设备后冬季取暖得不到保障，街道"有事来商量"工作人员及时与煤气公司协商，妥善解决了居民冬季取暖问题，受到居民一致好评。

第五，"三个成果"落地终端，引申协商价值。一是衔接基层协商。创新基层协商新路径，努力把政协的协商方法移植到基层、协商的手段延伸到基层、协商的作用发挥到基层，推动政协协商向基层延伸拓展。二是助力基层治理。基层治理中的堵点、痛点、难点，通过协商增进共识、凝聚人心、形成合力，提升了基层社会治理的能力和实效。三是赢得群众点赞。把群众满意作为衡量协商成效的标尺，许多群众操心事、烦心事、揪心事得到有效解决，让群众切实感受到协商"行得通、很管用"。

第六，"三个到位"强化保障，确保工作有力。一是领导到位。区政协成立了政协主席挂帅的"有事来商量"议事工作指导组，多次召开会议，专题研究部署相关工作，组成考察组赴寿阳县观摩学习，主席班子成员亲赴一线指导街道平台建设。二是人员到位。由兼任政协工作联络组组长的街道党工委副书记、街道工作人员、社区干部若干名，组织联络协商议事活动，使"有事来商量"工作有人管、能落实。三是经费到位。区财政列支拨付专项资金，保障"有事来商量"平台建设和政协协商向基层延伸工作顺利推进。

（二）重塑乡村资源整合与利益协调机制

"资源整合"是指基层党组织通过整合一定范围内的各种资

源，实现社会主体共同参与基层社会治理的目标。也就是说，资源整合调既需要党组织整合基层社会中现有的各种力量，也需要向基层社会注入新资源，这些资源既可以是经济上的，也可以是政策、服务或者公共物品等。比如，"美丽乡村建设""脱贫攻坚""乡村振兴"等以项目制为依托的财政转移支付形式；再比如，基层社会治理中的"社区党群服务中心"、区域化党建等，这些都是资源整合的有效实践形式。因此，资源整合是政党领导和引领能力最直接的表现形式，整合目标能否实现的关键在于其组织保障以及整合机制的有效性，如此才能建构兼顾公平与效率的利益协调机制，最终形成基于人民群众政治认同的强大的社会号召力。

党的十八大以来，阳泉市推动农村深化改革向纵深发展，农村政治、经济、文化、社会、生态等各领域全面发力、多点突破，农村承包地"三权分置"的制度体系落地生根，农村集体产权系统性重塑等一系列制度改革举措，使广大农民生活得到极大改善，农村面貌得到根本改观，农民群众的获得感、幸福感、安全感不断提升。

进一步讲，阳泉市委、市政府始终把处理好农民和土地的关系作为全面深化农村改革的主线，作为稳定和完善农村基本经营制度、实现和维护农民群众财产权益、促进农村社会和谐稳定的重要基础工程，全面完成农村土地承包经营权确权登记颁证工作，真正让农户的承包权稳下去、经营权活起来。加强农村宅基地改革管理，探索宅基地所有权、资格权、使用权"三权分置"，引导闲置宅基地和闲置农房合理配置利用。稳妥推进第二轮土地承包到期后再延长30年试点工作，保持土地承包关系稳定并长久不变。具体做法如下。

第一，完善确权颁证。从2014年开始，阳泉市按照"先行试点，稳步推进"的原则，扎实开展农村土地承包经营权确权登记颁证工作，经过清查摸底、调查核实、公示确认、完善合同、登记颁证等阶段，进一步完善农村土地承包关系，有效解决了承包地四至不清、面积不准、空间位置不明、登记簿不健全等问题。全市共确认家庭承包地面积92.9万亩，完善农村土地承包合同并颁发经营权证15.8万份，所有县、区全部建立了农村土地确权登记数据库，为完善农业补贴政策、调处土地承包经营纠纷、土地经营权流转特别是二轮承包到期后延包工作提供了重要基础支撑。

第二，分类推进试点。阳泉市农村土地承包经营即将走完第二轮承包历程。自1979—1984年，经过小段包工、联产到劳、包干到户等改革过程，阳泉市农村全部实行了家庭联产承包责任制。1994年，按照"大稳定、小调整"的原则，开展土地承包期延长30年工作，将"责任田"和"口粮田"统称为"承包田"，实行家庭承包经营。绝大部分农村家庭土地承包合同将在2024年底到期。鉴于此，阳泉市积极于2021年开展第二轮土地承包到期后再延长30年试点工作。郊区东梁庄村作为全国第二批试点单位，在坚守政策底线、尊重农民意愿、妥善处理矛盾的基础上，完成了377户、1398.4亩承包合同续签及经营权证颁发工作，依法收回10户整户消亡的承包地18.2亩。对土地延包的一般程序和矛盾纠纷的解决办法进行了有益探索。2022年，又选择在平定县西城村进行试点，县、乡、村成立了主要领导任组长的专项工作领导小组，出台了试点工作方案，建立了乡镇领导包村、村干部包组、各小组包户的"包保责任机制"，有序推进试点工作。针对性制定具体的延包方案，提交集体经济组织成员大会讨论通过后实施。

第三，化解利益纠纷。为有效化解农村土地承包经营纠纷，维护当事人合法权益，阳泉市改变长期以来依靠信访解决农村土地承包纠纷的做法，在县、区成立农村土地承包纠纷仲裁委员会，设立仲裁庭、案件受理室、档案会商室、合议调解室，在乡镇成立农村土地承包纠纷调解委员会，设立调解庭，村级设立土地承包纠纷调解员，建立"乡村调解、县级仲裁、司法保障"的农村土地承包纠纷调处机制，依法开展农村土地承包纠纷调解仲裁工作，做到小的纠纷协商解决、一般纠纷乡镇调解，大的纠纷以县仲裁、为维护农村社会稳定做出积极贡献。目前全市共成立农村土地承包仲裁委员会3个，建设仲裁庭面积135平方米，聘任仲裁员87人；所有乡镇全部成立了农村土地承包调解委员会，配备111名调解员；村级设立调解小组，共2437名村级调解员服务于基层调解工作。

第四，放活经营权。阳泉市出台了推进农村土地承包经营权流转的实施意见，按照"依法、自愿、有偿"的原则，积极引导农村土地经营权通过转让、互换、出租、入股等形式流转，建立健全了县、乡、村三级流转服务体系，为农村土地经营权流转搭建平台，提供法律宣传、土地流转信息发布、政策咨询、资质审核、价格评估、流转合同签订、合同鉴证等服务，规范土地流转行为，使农村土地所有权、承包权、经营权"三权"有效分置，提升农业的规模化、专业化水平。截至2022年上半年，全市土地流转面积达到了13.5万亩，占家庭承包经营总面积的12.5%。

第五，激发主体活力。实施市场主体倍增工程，2022年全市新注册农民专业合作社420户，合作社总数达到2725户，净增324户，较2021年底净增率达13.49%。全市家庭农场总数达到452家，比2021年底增加156家。国家、省、市、县级示范主体数量、生产效益、带动农户数、农民收入增长情况，其中国家级示范社11家、省级以上示范社68家、市级以上示范社112家；省级家庭农场19户，市级23户，县级22户。

第六，拓宽生产方式。近年来，阳泉市委、市政府把农业生产托管作为农村改革的主攻方向和农业社会化服务的重点内容，大力推进，连续出台了《关于深化农业生产托管的实施意见》《农业生产托管联席会议制度》，进一步探索完善支持政策。

2022 年，阳泉市选择平定县申报全省农业生产托管高质量发展试点县；平定县祥耘农机专业合作社被选为全省农业生产托管服务主体典型案例；山西沃北农业科技有限公司（盂县）《创新生产托管模式，加速农业现代化进程》被省农业农村厅推荐为全国案例。2022 年上半年，生产托管服务规模面积达到 44.25 万亩，惠及农户 6.1 万户。积极开展农业生产托管试点，全市生产托管服务组织 324 个，托管服务对象 6.6 万余个，托管服务面积 102.2 万亩次。生产经营方式的变革不仅有效解决了"谁来种地""怎么种地""如何把地种好"等问题，还大大提升了农业经营效益，实现了小农户和现代农业发展的有机衔接，促进了农业农村现代化。

第七，深化农村集体产权制度改革。构建归属清晰、权能完整、流转顺畅、保护严格的中国特色社会主义集体产权制度，是新时代完善农村生产关系的重大举措。截至 2022 年上半年，阳泉市 958 个集体经济组织 100% 完成清产核资，100% 完成成员身份确认，100% 完成股份量化，100% 建立集体经济组织，清产核资数据 100% 上报农业农村部信息管理系统。全市共清查核实集体资产总额 156.9 亿元，资金 13.4 亿元、集体农业用地 469.2 万亩；确认集体经济组织成员 63.3 万人。2020 年以来，阳泉市以规范农村集体经济组织运行、落实农民持有集体资产股份权能为重点，全面巩固完善农村集体产权制度改革成果，先后开展了农村集体经济组织合同专项清理整治、农村集体资产"清化收"等工作。同时，在郊区试点农民持有集体资产股份继承和有偿退出，在城区试点农村集体债务化解，在盂县探索农民持有集体资产股权抵押、担保，在平定县推进农村集体"三资"规范化管理示范县创建，完善集体资产监管机制，打造集体资产登记、产权流转、财务监管综合管理平台。改革红利持续释放，阳泉市 109 个集体经济组织实现按股分红，分红总额达到 5919.2 万元，逾 8 万名集体成员受益，人均分红收入达到 739.4 元。

第八，发展壮大新型农村集体经济。发展壮大村级集体经济是提升基层组织力、推动乡村振兴、实现共同富裕的关键举措，是全面深化农村改革成果的集中体现，也是农民群众对美好生活的向往。2022 年以来，阳泉市聚焦全方位推动高质量发展和集体经济"百村百万十万清零"的目标任务，制定出台了《关于发展壮大新型农村集体经济促进农民农村共同富裕的若干措施》"1 + 4"系列文件和抓组织振兴促进农村集体经济发展壮大、奖励、项目管理、合同清理整治四项实施办法，制定了"一年夯基础、两年整体推进，三年巩固提升"的总体规划和发展思路，明确了绿色生态、红色经济、服务创收、物业管理等六条发展路径，项目化推进村党组织书记能力提升长训班、农村集体资产"清化收"专项行动、乡村两级集体经济"大比武"、省校合作进农村专项活动等，培育村级集体经济发展"增长极"，奋力蹚出村级集体经济壮大提质新路子。全市开展村级集体经济发展"大调研"，规划、申报集体经济重点扶持项目84 个。集体经济收入总额达到 4.4 亿元（村均收入 45.9 万元），其中经营性收入达到 1.39 亿元，约占收入总额的 31.6%。集体经济年收入 100 万元以上的村达到 77 个，占比 12.4%；50 万元以上的村 161 个，占比 26.0%；497 个村集体经济收入已达到10 万元以上，占比 80.2%。

（三）完善城乡社会保障与社会救助体系

改革开放后，单位体制解体，社会保障与社会救济的公共产品供给与服务从过去的"单位"（城镇是单位体制，农村是人民公社体制）转移到政府，成为政府的公共责任。过去 40 多年，我国已经逐步建立起覆盖城乡的社会保障体系，并逐步建立起以最低生活保障、特困人员供养为核心覆盖城乡的社会救助体系。尤其在社会救助方面，农村经济体制改革之后，原有农村社会救助的提供责任从乡村生产和生活组织逐步转移到政府部门。农村社会救助体系除了保障弱势贫困家庭的基本权利之外，还具有维护农村社会稳定的重要作用。城乡社会保障与社会救助体系的完善，是党和政府以人民为中心理念的践行，而且还能够起到化解社会矛盾和利益冲突的安全阀作用，防止个体上访、群体性事件等引发的社会情绪政治化。

阳泉在社会保障与社会救助体系建设方面的制度创新和探索，值得总结。以阳泉 2022 年 1—8 月在这方面重点工作完成情况说明。

第一，稳就业保就业。一是全力推进年度目标任务。截至 2022 年 8 月底，全市城镇新增就业 14400 人，完成全年目标任务 18000 人的 80%；失业人员再就业 8000 人；就业困难人员实现就业 1667 人；农村劳动力转移就业 6468 人；城镇登记失业率控制在 3.53%，低于 4% 的目标。二是支持创业带动就业。新创建省级创业示范园区 1 家，县级创业孵化基地 2 家，县级创业示范园区 1 家。全市 25 家创业孵化基地（园区），共入驻创业实体 1752 户，累计创业带动就业 2 万人以上。落实创业担保贷款政策，共为 432 名（户）创业者发放贷款 9270 万元。三是突出抓好重点群体就业。举办招聘会 75 场，提供职位 26000 个，高校毕业生就业率达 80% 以上；成功举办"阳泉市 2022 年退役军人线上专场招聘月"活动；全市 20 家帮扶车间共吸纳脱贫劳动力就业 264 人；城乡残疾人就业 193 人；安置公益性岗位 536 人，发放公益性岗位补贴和社保补贴 1773.84 万元。

第二，技能社会建设。阳泉市政府连续四年将"人人持证、技能社会"建设列为"民生实事"，形成人社部门牵头抓总，责任部门协同作战的工作格局，持续高位推进落实，攻难点、解痛点、疏堵点，职业技能建设工作取得突破性进展。加大稳岗支持力度，采取"免申即享"发放模式实施稳岗返还，对中小微企业返还比例由 60% 提高至 90%，对大型企业返还比例由 30% 提高至 50%。2022 年 1—8 月，共为 1294 户企业发放稳岗补贴 6544.18 万元；为 159 户企业发放一次性留工补助 181.9 万元；为 14 户参保企业发放扩岗补助 4.35 万元，惠及 29 名参保职工；发放技能提升补贴 2461.2 万元；发放失业补助金 863.56 万元；发放小微企业吸纳就业一次性补助 26.9 万元；企业职工参加岗前培训、安全技能培训、转岗转业等培训共 5054 人。

第三，提升社会保障能力。深入学习贯彻习近平总书记关于完善覆盖全民社会保障体系重要讲话精神，按照"覆盖全民、统筹城乡、公平统一、可持续"工作方针，多层次社会保障体系进一步完善，参保人数和待遇水平不断提升。积极落实社保助企纾困政策，2022 年 1—8 月，共为 2410 户企业减征失业保险费 6865.37 万元；为 3136 户企业缓缴养老保险费 10041.09 万元；为 782 户企业缓缴失业保险费 386.03 万元。

第四，维护劳动工作关系。坚决扛起保障农民工工资支付工作的政治责任，维护好、实现好、发展好广大农民工的根本利益。一是积极做好根治欠薪工作。2022 年 1—8 月，共接收来人来电投诉举报及各类平台转办案件线索 1351 件：其中各类平台转办案件 949 件，为 3071 人解决拖欠工资 5796 万元。立案及协调处理 402 件，为 3342 人解决拖欠工资 5245.38 万元。劳动保障监察举报投诉案件结案率为 100%，拖欠农民工工资举报投诉案件结案率 100%，及时处置率 100%，未发生一起因欠薪引发的群体性、极端性、网络舆情等事件。二是积极做好劳动争议调解和信访维稳工作。2022 年 1—8 月，全市共受理处理各类来信来访 609 件次，涉及 905 人次。其中，初信初访 565 件次，涉及 851 人次；重复信访 44 件次，涉及 54 人次；联名信、集体访 16 件次，涉及 224 人次。全市各级劳动争议仲裁委员会及调解机构共办理劳动争议案件 575 件，结案率为 100%，调解成功率为 85%。

　　当前，我国农村社会救助体系存在的突出问题，有如下方面：第一，农村社会救助管理和监督机制不健全，存在定性难、核查难、惩戒弱的问题。突出反映在：其一，劳动能力程度鉴定机制不完备。目前民政部门对个人劳动能力程度的鉴定只能根据年龄、残疾证的等级以及政策规定分类救助的病种来判定。社保部门关于丧失劳动能力程度的鉴定只针对工伤，普通个人的劳动能力不予鉴定。因劳动能力无法鉴定，导致一部分低保申请搁置，无法继续。其二，家庭和个人的异地财产较难核查。目前社会救助家庭经济状况核查系统，基本上可以查到个人名下的车辆、存款、工商注册等信息，但对于存款、房产、车辆信息在外地的却难以查询。其三，对违规领取低保金的惩处不完善。对于隐瞒财产、隐瞒子女、隐瞒收入违规领取低保金的家庭，目前的惩处措施只是追缴低保金，无法对投机的人形成震慑。

　　第二，"低保户"成为其他社会救助受益者的资格条件，使救助叠加且集中化。农村"低保"标准在实际工作中常被应用到其他社会救助项目上，如医疗、教育、住房救助等。低保户可以享受更多社会救助和社会福利方面的优惠条件。如低保户医疗保险个人缴费部分享受政府资助，并且比普通农户报销比例更高，还可享受危房改造优先且更高的现金补助。"低保"标准的泛化使用，加之"低保对象"群体规模狭小，使整个社会救助体系出现了福利叠加和救助集中化的现象。社会救助叠加的结果或已经超过最低生活保障的水平。这一方面造成社会资源分配的不公正，另一方面因为身份附加值增大，造成农民群体间的分化和负向比较。由此导致"低保""贫困户"身份成为农村资源争夺和社会矛盾多发的诱因。

　　第三，农村低保制度与反贫困治理未能有效衔接。从政策制定角度看，反贫困治理和社会救助是保障农民基本生存权的两个相互支持的体系，面向的困难群体应大致相同。但现实中，制度或政策受益群体差异却比较大。这表明两个反贫困的制度核算体系和标准不对接，亦因具体的核算方法和排除性限定条件，如采用计算应得收入、应得赡养费的方式，将有些实际需要救助的困难家庭排除在外。从调研情况看，反贫困治理定义的困难户绝大部分都是老弱病残或几乎无劳动能力者。这部分困难群体实难依靠内生动力脱贫。但目前反贫困治理政策更强调挖掘贫困户内生动力，实现更好发展，并不倡导低保制度兜底。反贫困治理政策要求与现实情况和困难户条件有一定的差异。农村社会救助与反贫困治理的措施之间未能有效整合。

第四，反贫困政策瞄准偏离以及群体边际差异，引发新的社会矛盾和冲突。实地调研发现，在许多农村地区，由于社会救助标准执行不当以及扶贫政策的差别对待，引发对立和冲突。如有些农村地区将"低保"与年龄、计生、维稳挂钩，与人情相连，与村公益劳动紧密联系。不支持村级公益事业者，即使符合条件也难以在民主评议环节得到支持。反贫困政策保障对象享受"建房、看病、小孩读书、生产"等基本不花钱的帮扶措施。边缘贫困户、低保边缘户以及非贫困户群体互相攀比，对政府扶贫和救助政策产生不满，为基层干部推进反贫困治理工作、实施乡村振兴战略增加了难度。再如部分农户把老人分出去单独立户，且不赡养，找政府要求解决其"贫困户待遇"。这种状况呈现蔓延趋势，冲击传统敬老、爱老、孝老文化，成为基层政府抓"乡风文明"的难点。

近些年来，阳泉在医疗保障制度改革方面做出了许多创新实践，对解决这方面的问题有现实的借鉴意义。

截至 2022 年 6 月底，阳泉市基本医疗保险参保 117.44 万人，其中，城镇职工参保 37.74 万人，城乡居民参保 79.70 万人（包含资助参保困难群众 6.75 万人），参保率稳定在 95% 以上。全市城镇职工基本医疗保险基金当期收入 80347 万元（其中：统筹基金收入 44416 万元，个人账户收入 35931 万元），职工基本医保基金当期支出 73713 万元（其中：统筹基金支出 42936万元，个人账户支出 30777 万元）；职工基本医保基金当期结余6634 万元（其中：统筹基金结余 1480 万元，个人账户结余5154 万元）；职工基本医保基金累计结余 192295 万元（其中：统筹基金累计结余 45459 万元，个人账户累计结余 146836 万元）。城镇职工基本医疗保险统筹基金可支付月数为 6.4 个月。全市城乡居民医保基金总收入 48053 万元，总支出 45318 万元（其中：基本支出 37227 万元，大病保险支出 8091 万元），当期结余 2734 万元，累计结余 26540 万元，城乡居民医疗保险可支付月数为 3.5 个月。①

阳泉医疗保障制度改革主要集中于如下方面。

第一，聚焦民生保障，医保待遇制度机制更加完善。一是持续提高城乡居民基本医疗保险财政补助标准。2022 年度城乡居民基本医保人均财政补助标准由去年的 580 元提高到 610 元。截至 2022 年 6 月底，省、市财政补助全部到位（省级 9731.62万元，市级 4877.55 万元）；另外，中央财政补助应到位29169.32 万元，已到位 25648 万元；县级财政补助应到位4837.03 万元，已到位 4658.29 万元，剩余高新区财政补助178.74 万元在履行审批手续。二是扎实开展巩固拓展脱贫攻坚同乡村振兴有效衔接工作。阳泉市医疗保障局联合市民政、财政、卫健、乡村振兴、税务、银保监等七个部门印发《关于巩固拓展医疗保障脱贫攻坚成果有效衔接乡村振兴战略的实施细则》，进行了相关政策调整，在逐步完善基本医保、大病保险、医疗救助三重制度普惠性保障的同时，进一步增强了对困难群众基础性、兜底性保障。截至 2022 年 6 月底，全市参加城乡居民医保的特困人员、低保、易返贫致贫人口发生住院费用2582.92 万元，经过三重制度保障，个人负担 435.53 万元，个

---

① 数据来源：作者调研阳泉市医疗保障局所得材料。

人实际自付平均占比16.86%。此三类人员纳入门诊慢特病保障范围的7913人，占比12.93%，比普通参保居民高出7.27个百分点，发生门诊慢特病费用1772.47万元，个人负担416.90万元，综合保障比达到76.48%。三是多措并举确保惠民政策待遇落地落实。自3月1日起，阳泉市门诊特药范围从95种扩大到139种，全市特药"双通道"医药机构由17家扩大到22家；4月1日起执行全省统一的45种门诊慢特病病种范围及准入（退出）标准，除高血压、糖尿病和冠心病外42个门诊慢特病可实现即时办结；7月1日起实施职工医保个人账户家庭共济，取消城乡居民"两病"门诊用药起付线，对已纳入"两病"用药保障机制保障范围的药品，由城乡居民医保门诊统筹基金支付，进一步扩大了"两病"参保群众受益面；全面落实生育保险政策，积极支持三孩生育政策落地实施，自2022年1月1日起，将全市参加职工医保的灵活就业人员和参保居民生育医疗费用医保支付额度自然分娩提高至1500元，剖宫产为3000元，住院分娩每多生育一个胎儿增加300元，居民孕产妇产检费用纳入保障范围。

第二，聚焦支付改革，医药服务管理更加科学。一是持续扎实推进DIP支付方式改革。阳泉市于2021年9月份起启动了DIP国家试点实际付费工作，2022年以来，为深入推进DIP付费改革，按照市DIP付费试点工作领导组的总体部署，全市坚持"一盘棋"思想，DIP领导组办公室先后3次组织召开工作专题会议和病种分值论证会议，研究讨论了2021年度DIP付费清算考核、病种分值调整、2022年度本地DIP目录库建立、2022年度DIP预付费的病种分值点值和调整定点医院等级系数等事宜。同时，阳泉市医疗保障局牵头成立了工作专班，制定了协商评审工作机制和专项抓落实工作机制，确定了工作目标和任务分工，形成工作合力，确保试点工作平稳推进。6月对全市49家定点医疗机构1—5月发生费用进行核算，住院医疗总费用 45403 万元，次均费用 9518 元，按 DIP 付费医保基金预支付 31158 万元。与 2021 年同期相比，医疗机构住院次均费下降了 1643 元，住院人次减少 1081 人次，医保基金减少支出 5308 万元，医疗机构有效控制费用后同比按项目盈利 2120 万元，次均费用下降后患者次均自付费用也开始下降。通过 DIP 付费改革的实施，定点医疗机构医疗服务成本精细化管理水平和主动控费意识进一步增强，医保基金的使用效率进一步提升。二是抓好新冠肺炎患者救治和新冠病毒疫苗及接种费用保障工作。按照省、市有关要求，根据疫情防控需要，及时向新冠肺炎救治定点医疗机构预拨资金；做好新冠病毒疫苗及接种费用保障，截至 6 月底，2022 年共拨付疫苗接种费用 1046.74 万元。

第三，聚焦提质降价，药品耗材招标采购管理逐步规范。一是常态化制度化推进药品耗材集中带量采购。截至 2022 年 6 月底，全市 47 家医疗机构执行国家、省、市三级层面药品耗材集中带量采购共 26 批次、核酸试剂带量采购 1 批次，完成集采药品 342 种、耗材 45 种，累计采购金额 1.46 亿元，预计可节约医疗费用 4.35 亿元。二是建立健全集采产品使用监测和定期通报机制，落实好结余留用激励机制。建立了集中带量采购月报制度，强化对公立医疗机构集中带量采购中药品、医用耗材使用情况的监督考核，确保在合理使用的基础上完成约定采购量。积极贯彻落实国家和省组织药品集中带量采购资金结余留用政策，2022 年 6 月，向 20 家医疗机构拨付国采第一批药品（第二周期）、国采第三批药品、山西省采第一批药品结余留用资金 995.09 万元，累计完成 5 个集采批次共计 1720.27 万元的结余留用考核并完成结余留用资金兑现，充分发挥了结余留用对医疗机构的正向激励作用，进一步提升了医疗机构和医务人员参与集采改革的积极性。

第四，聚焦基金监管，医保稽核更加高效。一是深入开展"织密基金监管网　共筑医保防护线"集中宣传月活动。2022

年4月，阳泉市以"织密基金监管网 共筑医保防护线"为主题，在全市范围开展了为期一个月的医保基金监管集中宣传月活动，结合当年疫情防控形势，2022年的宣传活动充分运用各种新媒体，如：业务骨干做客"901交通广播"宣讲政策法规，在阳泉广播电视台视频号播放"打击骗保在行动"系列宣传片，通过微信公众号、黄河新闻网等新媒体平台开展普法知识竞答等，在群众中引起强烈反响。此外，以定点医药机构、医保经办窗口为主阵地发放群众通俗易懂的宣传资料，阳泉卫视字幕飞播宣传标语，在《阳泉日报》刊登宣传专栏，开展"七进"宣传活动等传统宣传方式也取得了良好效果，积极营造全社会共同维护医保基金安全的良好氛围。二是完善日常监督检查工作机制，确保实现日常稽核、自查自纠、抽查复查"三个全覆盖"。截至2022年6月底，检查定点医药机构579家，检查覆盖率为59.20%，处理违规医药机构235家，处理占比为40.59%，共追回违规金额2650.26万元。

第五，聚焦规范便民，医保经办管理服务更加便捷。一是推行医保经办服务标准化建设。按照全国医保经办"规范年"要求，在全面落实《阳泉市医疗保障经办服务事项清单》的基础上，对标国家的《医疗保障经办政务服务事项操作规范》，进一步完善经办机构业务流转规程。2022年4月，大力推行医保征缴业务网上申报，既节省了参保单位经办人员申报的时间成本，又大大减轻申报高峰期时窗口的压力，真正实现了让数据多跑路、群众少跑腿。同时探索建立综合柜员制，已拟订了实施方案并完成前期调研，实现试运行。二是异地就医结算更加便捷。按照省局的统一部署，阳泉医疗保障局积极推进扩大跨省异地就医结算范围，截至2022年6月底，全市开通跨省异地就医直接结算的定点医药机构79家，开通省内异地就医直接结算的定点医药机构995家，开通跨省异地就医门诊直接结算的定点医疗机构10家，开通门诊慢特病相关治疗费用跨省直接结算的定点医疗机构 9 家。同时，以破解群众异地就医"垫资""跑腿"等重大民生问题为抓手，推行异地就医线上备案和便民举措，5 月 10 日"山西医保"微信公众号正式恢复办理手续不全转诊和急诊转住院备案功能；5 月 20 日起，全市参保职工非急未转省内异地住院的，无须线上备案，可直接按照转省内手续不全结算比例结算，截至 6 月底，有 352 人次实现省内未办理备案手续直接结算，医保基金支付 303.65 万元。

第六，聚焦信息化建设，医保高质量发展基础更加稳固。一是做好医保信息平台优化应用。新医保信息平台涵盖的支付方式、跨省份异地就医、公共服务、药品和医用耗材招采等 14 个子系统陆续落地应用。医保信息平台运行平稳，已入库的定点医药机构有 879 家，其中，医院 83 家、诊所 176 家、药店 393 家、村卫生所 227 家。二是积极推动医保电子凭证应用推广及医保移动支付试点。截至 2022 年 6 月底，全市共有 77 万人激活了电子凭证，激活率达到 65.7%，医保电子凭证结算占比达到 16.76%，人民群众就医购药更加便捷高效。此外，积极推进医保移动支付试点工作，试点的一院、煤业总院已完成联调测试，测试报告通过审核后即可上线，三院正在进行接入渠道信息化改造，争取试点尽快支持医保移动支付，实现参保人无须到窗口缴费，直接通过第三方渠道系统接入医保移动支付中心完成医保基金和个人自费资金线上支付。三是持续抓好门诊慢特病管理服务工作。"互联网＋医保门诊大额疾病线上服务"病种覆盖现有门诊大额疾病除精神类疾病外的全部 44 个病种，截至 2022 年 6 月底，全市门诊大额疾病患者在"互联网＋医保门诊慢特病"线上运行平台已备案 4360 人，线上可供选择医生119 人，线上累计办理业务 20459 人次，定点药店工作人员实际上门配送药品 21144 次，涉及门诊费用 1266.13 万元，"在线医生联动、医保在线报销、医药公司送药上门"的三医联动探索取得积极成效。

从阳泉的创新经验中，我们可以认识到，建立常态化和制度化的农村社会救助，应成为农民生存风险和社会风险防控体系。

第一，界定政府公共责任的范畴是反贫困治理与社会救助衔接的基础。政府需要担负起国民生存风险的保护责任。保护弱势（贫困）群体的基本生存权和发展权是政府的公共责任。有鉴于此，当前迫切要做到的是，针对困难群体的社会权利和实际救助需求，政府要整合农村救助的政策资源，制定分类、分级救助标准。社会救助与反贫困治理制度未能衔接，表面看是由于政府行政分割而致的部门协同问题，深层次上反映出我国社会救助制度和反贫困治理政策在政府责任的理解和认识方面未能统一。界定政府的公共责任，客观上在重塑政府与社会、政府与国民的关系，有利于维护政府权威、巩固合法性来源、维护农村社会稳定。

第二，改善医疗和教育救助应是农村社会救助体系的重点。据国家统计局2018年乡村振兴调研结果，农民家庭最大的负担是医疗、生产投入和教育费用。受访农民中认为"医疗是家庭最重负担"的比例最高，占26.5%；其次是"农业生产投入"和"教育费用"，分别占22.9%和20.0%。当下农村因留守人员中老人、儿童所占比重大，对医疗、教育和生活生产扶持有较高的期待。我们认为，帮助农民致富脱贫只是乡村社会发展的一个方面，事实上更为根本的一个方面是，形成保障农村贫困（弱势）群体病有所医、学有所教、老有所助的社会救助体系，维护底线公平和教育机会公平，这是政府的公共责任，也是农村社会稳定的底线。

第三，农村社会救助的需求导向和跨部门协同机制尚未建立。首先，社会救助的执行过程主要以便于行政操作为原则，而非以识别困难需求进而提供有针对性的服务和救助为本。这就导致整个社会救助体系标准单一，大多数社会救助项目都严重依赖低保标准，使低保标准负担了太多的"责任"。其次，社会救助机制的优化和完善单靠民政部门无法实现。目前医疗救助以诊后报销为主，事实上这一程序导致了困难群众因无力垫付医疗费而无法就医进而无法获得救助并上访的社会矛盾。因此，当前迫切需要医保、社保、住建等多部门联合研究解决社会救助资格鉴定难的问题，优化社会救助的申请程序，减少困难群众因部门间相关程序相悖得不到救助而上访的问题。

基于上述，以阳泉的实践创新为对照，进一步完善农村社会救助体系，有如下方面的对策建议。

第一，做好反贫困政策与社会救助体系的衔接，在 2020 年之后将反贫困政策法律化使其逐步过渡为制度化的农村社会救助和社会服务体系。从制度设计上，协调地方最低生活保障和国家贫困线的标准，逐步统一核算方法。通过制度化和常态化的社会救助体系建设来巩固精准扶贫的效果。同时，精准识别不可仅用单一的收入和财产标准去衡量所有的低保对象和低保申请者，而是要在低保标准的基础上，全面了解和分析申请者家庭中的复杂情况。再有，反贫困政策措施要做到坚持开发式扶贫与保障性扶贫并重，以基础设施建设提升、特色产业培育、安全住房建设为抓手，因人施策，落实帮扶措施，巩固提升脱贫成果，确保稳定增收不返贫，从政府包办式扶贫过渡到制度化和法治化的社会救助体系的不断完善上。

第二，将农村低保与其他社会救助的标准做出区隔，优化社会救助机制。根据困难群体的需要分类救助，特别是要加大对因病致贫人员的医疗救助，对当前已保人员、拟保人员及低保边缘人员要在最低生活保障基础上加大医疗救助力度，让这一部分人从医疗救助上得到实惠。通过多部门协调解决社会救助资格认定，特别是个人劳动能力鉴定的难题，建立针对困难群众的医保资金垫付机制，化解看病难与社会救助后置之间的矛盾。

第三，将违规领取社会救助的行为纳入征信系统，加大惩处力度。推动家庭经济信息的核查系统全国联网，便于查询异地信息，防止隐瞒造假的骗保行为。这也有利于人口流动背景下社会救助人员的动态管理。在利用大数据技术优势的同时，还应保留专业社会工作干部的自由裁量权，便于其根据实际情况来决定是否给予救助和如何给予救助，化解社会矛盾和风险。

六　党的组织力建设的阳泉治理实践：
　　基于调查数据的检验

　　考察党的组织力建设状况，不能仅将研究视域限制在政党内部，将政党组织和政党行为作为唯一的研究对象。作为一个政治组织，政党组织力的投射对象必然与国家政权紧密相关，而对于一个现代国家的国家政权而言，这意味着政党组织力必须进入社会生活领域，与个人生活产生密切关系。在实践中，中国共产党的特殊性又使得这一过程的外延性增强，并深入个人日常生活和各类组织当中，呈现为在党的全面领导下的国家治理体系和治理能力的现代化。

　　因此，在基层治理中考察党的组织力建设状况，对党的组织力研究具有重要意义。这是因为，在我国条块治理的模式下，基层既承接了属于各条的职能部门的各类需求，又面临着属于各块的各级政府直接或间接的任务要求，包括但不限于资源动员、经济发展、社会稳定、生态保护等。在这个意义上，基层必须调动其有限的各类资源，在若干领域内推进多个目标的实现。这些目标类型不一、需求不一、结果不一，因此其不仅对基层的资源动员和管理方式（即常说的"工作能力"）提出了较高的要求，也对基层的选择倾向（即在实现何种目标的过程中投入较多资源）提出了新的考验。在这一大背景下，党组织在基层治理中发挥了极为重要的作用，在利益整合、价值引导、协调各方、动员资源等方面呈现出不可替代的优越性。因此，充分发挥党在基层治理当中的作用，不仅是一个党组织自我发展所带来的需求，也是完善我国基层治理的关键。

提升党的组织力，不仅有助于提升党的治理能力，也有助于巩固党的全面领导地位。唯其如此，掌握党的组织力状况必须从治理接受者出发，即考量基层群众对党的组织力的观点态度。这是因为，提升党的组织力不仅能够使群众最后获益，也能够使群众在党的组织力提升进程中感受到治理效能感，提升在治理体系现代化和治理能力现代化大背景下基于党组织的获得感。与此同理，考察党的组织力具体发展状况，就必须关注群众对于日常生活中随处可见的治理状况的具体感知和态度，分析群众在复杂且多样的基层治理格局中拥有怎样的观点和体验，并探究党的组织力未来可重点提升的空间。

阳泉市高度关注党的组织力建设状况，以党建项目为支撑，统筹整合各项工作，2022 年，阳泉市全市基层党建工作坚持目标导向、问题导向、质量导向相结合，突出以"组织力提升工程"为牵引，以开展"十一大行动"为抓手，着力增强基层党组织的政治领导力、思想引领力、社会号召力、群众组织力，健全完善清单化管理、项目化运作、动态化调度、制度化督办的工作体系，完善上下贯通、执行有力的组织体系，增强各领域基层党组织政治功能和组织力凝聚力。在第一阶段进行的实地调研与深度访谈基础上，我们以"党的组织力建设"作为理论立足点，具体切入基层群众认知感受视角，并在党的组织力分析框架下关注基层治理的各项细节，对阳泉市的群众进行了问卷调查。

本次的问卷调查覆盖范围为阳泉市全市三区两县及高新区的 12 个行政村和 12 个社区，共收回问卷 6935 份，通过应答时间处理等确认回收有效问卷 6838 份，问卷有效率为 98.6%，符合相关标准。在 6838 份有效数据中，男性受访者 2740 人（40.07%），女性受访者 4098 人（59.93%）。所调查受访者中，年龄段在 18 周岁以下者 278 人（4.07%），18—25 周岁者 375 人（5.48%），

26—30 周岁者 530 人（7.75%），31—40 周岁者 2012 人（29.42%），41—50 周岁者 1995 人（29.18%），51—60 周岁者 1172 人（17.14%），60 周岁以上者 476 人（6.96%）。

　　具体考察相关指标数据，可以得到受访者整体的人口学特征状况。在参与本次问卷调查的受访者中，民族为汉族的受访者占绝大多数（6768 人，98.98%），而少数民族受访者则仅有 70 人（1.02%）。在受教育水平方面，受教育水平为初中及以下的受访者总数最多（2485 人，36.34%），而受教育水平为研究生（含硕士、博士）的受访者总数最少（91 人，1.33%）；值得注意的是，受教育水平为大专及本科的受访者也相对较多（2402 人，35.13%），甚至较受教育水平相对较低的高中（含高职、高专）的受访者多（1860 人，27.20%）。在政治面貌方面，政治面貌为中共党员及共青团员的受访者共有 1800 人（26.33%），而群众或其他政治面貌者为 5038 人（73.68%），两者大致为 1∶3 的比例。在个人月收入指标方面，受访者总体个人收入水平仍有一定提升空间，其中月收入在 1500 元以下者 2471 人（36.14%），月收入在 1501—3000 元者 2327 人（23.03%），月收入在 3001—5000 元者 1485 人（21.72%），而月收入在 5000 元以上者 555 人（8.12%）。与个人收入指标相对应，受访者家庭年收入水平仍有进一步提升空间，其中家庭年收入在 1.5 万元以下者 1803 人（26.37%），家庭年收入在 1.5 万—5 万元者 2688 人（39.31%），家庭年收入在 5 万—8 万元者 1407 人（20.58%），家庭年收入在 8 万—10 万元者 552 人（8.07%），而家庭年收入在 10 万元以上者 338 人（5.67%）。在家庭主要收入来源方面，受访者家庭以工资收入为主要收入来源 4543 人（66.44%），其中以本地工资收入为主要收入来源者 3521 人（51.49%），以在外务工收入为主要收入来源者 1022 人（14.95%）；此外，受访者以农业生产收入为主要收入来源者 524 人（7.66%），以家庭经营收入为主要收入来源者 358 人（5.24%），以其他类型收入为主要收入来源者 1413 人（20.66%）。在受访者目前职业方面，务农者 624 人（9.13%），务农兼打零工者 406 人（5.94%），在外打工者 897 人（13.12%），个体工商户 366 人（5.35%），企事业单位工作人员 1894 人（27.70%），其他职业者 2651 人（38.77%）（见表 6-1）。

表 6-1　党的组织力建设的阳泉实践问卷调查对象的基本情况

指标	类别	频数	百分比（%）	指标	类别	频数	百分比（%）
性别	男性	2740	40.07	个人月收入	1500 元以下	2471	36.14
	女性	4098	59.93		1501—3000 元	2327	23.03
年龄	18 周岁以下	278	4.07		3001—5000 元	1485	21.72
	18—25 周岁	375	5.48		5000 元以上	555	8.12
	26—30 周岁	530	7.75	家庭年收入	1.5 万元以下	1803	26.37
	31—40 周岁	2012	29.42		1.5 万—5 万元	2688	39.31
	41—50 周岁	1995	29.18		5 万—8 万元	1407	20.58
	51—60 周岁	1172	17.14		8 万—10 万元	552	8.07
	60 周岁以上	476	6.96		10 万元以上	338	5.67
民族	汉族	6768	98.98	家庭主要收入来源	农业生产收入	524	7.66
	少数民族	70	1.02		本地工资收入	3521	51.49
受教育水平	初中及以下	2485	36.34		家庭经营收入	358	5.24
	高中（含高职、高专）	1860	27.20		在外务工收入	1022	14.95
	大专及本科	2402	35.13		其他类型收入	1413	20.66
	研究生（含硕士、博士）	91	1.33	目前职业	务农	624	9.13
政治面貌	中共党员	1249	18.27		务农兼打零工	406	5.94
	共青团员	551	8.06		在外打工	897	13.12
	群众或其他	5038	73.68		个体工商户	366	5.35
					企事业单位工作人员	1894	27.70
					其他	2651	38.77

在国家治理现代化推进过程中，提升党的组织力的要求与优化治理能力及治理体系的要求具有同构性。在我国，推进国家治理能力和治理体系现代化的要求不是一个照搬他国政治制度的过程，而是一个在既有基础上推动我国治理水平发展的过程。作为一个发展的时代命题，这在理论和实践上要求全面加强党的领导，以党的领导推动利益结构等相关体系重构，在新起点上着力提升群众获得感。因此，提升党的组织力既是坚持党的领导的必然要求，也是实现我国国家治理现代化的必然要求。由于党在我国国家治理体系中既处于国家政权体系中，又处于社会自治体系中，作为中枢和纽带发挥着重要作用，因此其组织力提升的过程不仅体现于各类政府机构和准政府机构中，也体现于社会层面的领导、引领、组织和号召中。由此，在基层治理中，党组织既作为主导者，又由于基层治理的多重复杂性而在实践中发挥着间接的、潜移默化的、多种多样的作用。当前，国家治理现代化和全面加强党的领导要求必须在政治实践中高扬党的主导地位，让群众切实感受到党的先进性和获得感。因此，利用调查数据考察阳泉市党的组织力建设工作，就必须将党的组织力纳入阳泉市治理现代化总体绩效中进行分析。基于这一考量，我们将按照政治领导力、思想引领力、群众组织力和社会号召力四个方面划分阳泉党的组织力建设状况，以治理实践状况分析党的组织力发挥了怎样的作用，集中于群众在治理实践中的认知和感知，尽可能得出可供理论研究者和相关实务部门共同参考的数据结果，并探索未来党的组织力建设进一步发展的可能空间（见图 6 - 1）。

（一）政治领导力

在党的组织力建设各要素中，政治领导力建设被置于首要地位。在我国的政治实践中，凡关乎关键、重大、方向、原则

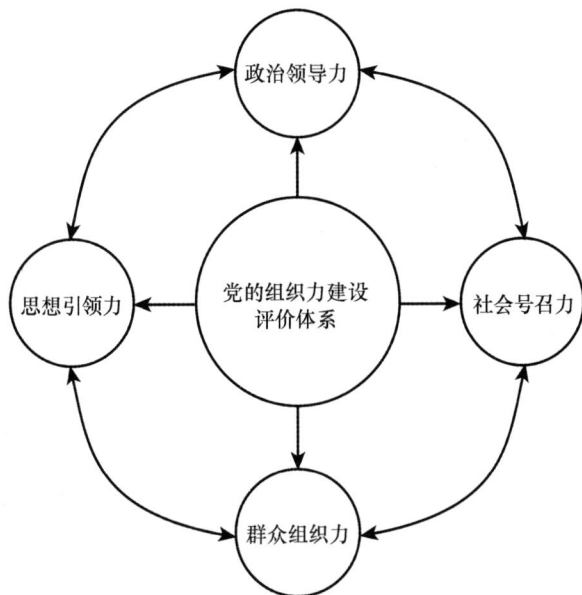

图 6-1 党的组织力建设评价体系结构

和整体的问题，都可以被认为属于政治问题，而解决政治问题的关键在于是否坚持党的领导，是否在实践中坚持贯彻党的纲领和行为要求。在历史上，"抓政治"是中国共产党发展壮大的关键举措，而"讲政治"也是中国共产党长期以来保持的传统。从军事斗争时期到改革开放时期，每一个阶段的工作都离不开政治这一中心，而各项具体工作也都围绕如何坚持党的领导、如何贯彻党的纲领和行为要求展开。在新时代，全面增强党的政治领导力，是提高党的执政能力的关键之举、坚持党的初心使命的现实需要和推进党的自我革命的内在要求。①

1. 政治生态

在考察阳泉市政治领导力建设这一领域时，我们首先关注

---

① 金光磊：《新时代增强党的政治领导力路径研究》，《学习论坛》2021 年第 5 期。

阳泉的政治生态建设状况。这是因为，只有党组织拥有正气充盈、担当作为的政治生态氛围，才能在实践中充分贯彻党的纲领和行为要求，并通过党组织的领导有效带动政府机关、自治组织、人民团体、社会组织和公民个人，实现党的政治领导力全覆盖。在党组织的领导带动作用中，一个正气充盈、担当作为的政治生态氛围，能在丰富的治理实践中让被领导者感受到党组织具有高度的先进性，拥有行之有效的治理能力、服务群众的治理立场和清正廉洁的治理生态。因此，在问卷调查中，我们选择直接向受访者询问其所接触的基层党组织的政治生态状况，在问卷中设置"您认为，您所接触的基层党组织是否具有正气充盈、担当作为的政治生态氛围"，并得到了如表6－2的结果。

表6－2　　　　受访者认为其所接触的基层党组织是否具有
正气充盈、担当作为的政治生态氛围的调查结果

受访者态度	频数	百分比（%）	累计百分比（%）
非常具有	2595	37.95	37.95
比较具有	2318	33.90	71.85
一般	1632	23.87	95.72
比较缺乏	192	2.80	98.52
非常缺乏	101	1.48	100.00
总计	6838	100.00	—

在收回的有效问卷中，本题平均得分为 1.96 分（1 = "非常具有"，5 = "非常缺乏"，以此类推），标准误为 0.01。在各项答案中，受访者态度为"非常具有"（2595 次，37.95%）和"比较具有"（2318 次，33.90%）的占比最高，其累计百分比为 71.85%；与之相对，认为其所接触的基层党组织相对而言"比较缺乏"（192 次，2.80%）和"非常缺乏"（101 次，1.48%）正气充盈、担当作为的政治生态氛围的受访者仅占 4.28%。这表

明，受访者普遍认为其所接触的基层党组织拥有较好的正气充盈、担当作为的政治生态氛围。由此可以认为，阳泉市在推进党的组织力建设进程中，在政治领导力建设方面的工作成绩较好，基层党组织政治氛围普遍良好，受到广大群众的信任和欢迎。基层党组织是与广大人民群众最接近的党组织，只有基层党组织拥有良好的政治生态，基层群众才能获得最大的利益，基层群众才能够因此更加拥护党的领导，认识到党在全面推进国家治理现代化当中的主导作用，并乐于在各个方面支持党的领导，将各类各项党的全面领导工作充分内化，创造更有利于推进党的领导力建设的群众基础。

2. 基层干部

推进党的政治领导力建设，充分发挥党的政治领导力在各项工作中的积极作用，干部能否发挥作用是关键。对于基层群众而言，其最直接可感的党组织即基层党组织，其最直接可感的党的干部是基层党组织的党组织书记。在基层治理中，党组织书记发挥着极其重要的作用。党组织书记不仅需要在工作中贯彻党的领导方针，领导党的基层组织，还往往身兼多职，在实践中承担自治组织和集体经济组织的相关领导工作。由此，基层党组织的党组织书记必须在基层治理实践中充分沟通各方，有效对接各类需求，承接职能部门、政府组织的日常性或动员性要求，在自治组织和经济组织之间发挥化解冲突、推动发展的积极作用，并在同基层群众的充分接触中增强基层群众的日常获得感。

基于这一原因，我们在问卷中关注基层党组织书记对于增强党的政治领导力的赋能作用，将党组织书记的当选因素作为重要的分析对象，并向受访者询问其认为的党组织书记当选因素。这是因为，党组织书记的当选在政治实践中往往并非一个自下而上的过程，而是通常表现为不同程度的自上而下的过程。

因此，群众对于党组织书记的当选既不能完全掌握，又必然在日常生活中受到当选结果的影响。此外，由于党组织书记当选的自上而下特征，群众对党组织书记当选因素的态度，也必然影响基层群众对于上级党组织的态度，并最终影响党的政治领导力建设总体状况。因此，在问卷中，我们设置了"您认为，在实践中，您所居住的村（社区）党组织书记当选最重要的因素是什么"这一问题，设置了"经济实力""家族支持""上级认可""政治可靠""人品道德"和"个人能力"六个备选项，并得到了如表6-3的结果。

从表6-3数据中可以得出，对于受访者而言，其所居住的村（社区）党组织书记当选最重要的因素是"政治可靠"（1974次，28.87%），其次是"人品道德"（1773次，25.93%），两因素累计百分比已经超过半数（54.80%），而受到受访者认可最少的最重要当选因素是"家族支持"（203次，2.97%）。

表6-3　　　　　　　　受访者认为其所居住的村（社区）
党支部书记当选最重要的因素的调查结果

当选因素	频数	百分比（%）	累计百分比（%）
经济实力	500	7.31	7.31
家族支持	203	2.97	10.28
上级认可	792	11.58	21.86
政治可靠	1974	28.87	50.73
人品道德	1773	25.93	76.66
个人能力	1596	23.34	100.00
总计	6838	100.00	—

基于不同因素之间的内在联系，我们将六个备选项中的党组织书记当选因素分为三类，即个人因素（包括"人品道德"和"个人能力"）、组织因素（包括"上级认可"和"政治可

靠"）和资源因素（包括"经济实力"和"家族支持"）。个人因素，是指一名党支部书记当选的主要原因是其拥有较突出的个人素质，包括较高的道德水平和较强的工作能力。组织因素，是指一名党支部书记当选的主要原因是组织安排，即与上级组织的关系在党组织书记当选中发挥着主要作用，而当选者不仅因其在政治相对而言更可靠而受上级重视，且其由于各类相关因素更加受到上级认可，得到上级对其当选党支部书记的帮助。资源因素，是指一名党组织书记当选的主要原因是其拥有外在于个人和组织体系的若干资源，例如其拥有相对较强的经济实力，或其拥有结构完善且关系紧密的宗族关系网络。基于上述分类方式，将六个因素归类为三类因素，有利于进一步考察其数据情况，得到阳泉市基层党组织书记赋能政治领导力建设的具体状况。数据结果如表6-4所示。

表6-4　　　　　受访者认为其所在村（社区）党支部
书记当选的最重要因素（三类因素）的调查结果

当选因素类型	频数	百分比（%）	累计百分比（%）
个人因素	3369	49.27	49.27
组织因素	2766	40.45	89.72
资源因素	703	10.28	100.00
总计	6838	100.00	—

由表6-4数据可知，几乎达半数的受访者将个人因素作为其所在村（社区）党组织书记当选的最重要因素（3369次，49.27%），有相当一部分受访者认为组织因素是其所在村（社区）当支部书记当选的最重要因素（2766次，40.45%），而资源因素则被绝大多数受访者认为并非最重要的因素（703次，10.28%）。这表明，对于受访者整体而言，与其关系最紧密的党组织书记普遍具有相对较高的个人道德水平和相对较强的个

人工作能力；与此同理，这同样可以证明阳泉市委高度关注基层党组织书记的道德水平和工作能力，在党组织书记任用和管理方面的工作成绩相对突出。此外，尤其值得注意的是，就学理和实践两个层次而言，个人因素、组织因素和资源因素之间并非全然绝对的排他关系，而是恰恰相反，其具体呈现出相互融合的特征。组织因素不可能全然脱离个人因素，而资源因素同样会对其个人因素和组织因素状况产生潜在影响。在我国的政治实践中，上级党组织必然在基层党组织书记产生的过程中扮演着最重要的角色，因此基层党组织书记当选的组织因素极为关键。但是，上级党组织的青睐必然和其个人工作能力及人品道德水平有关。正如前文所述，基层党组织书记在我国基层建设中起到极其重要的作用，而一个工作能力强、道德水平高的党组织书记不仅能够充分完成上级任务、推动所在村（社区）的发展，也能拥有足够的威信，促进基层稳定并降低可能的廉政风险。因此，上级党组织必然需要高度关注个人因素，考虑其个人工作能力和人品道德水平。此外，个人经济实力和家族支持虽然在实践中确实可能产生相关风险，但其仍然是一种资源，在多项基层事务特别是各类基层动员中发挥着极为重要的作用，因而同样可以借此受到上级关注，也会影响群众对其个人能力和道德水平的认知。

该题目得到的结果是主观性的，即从基层群众的主观视角讨论党支部书记的当选因素，重点关注其对于党组织书记当选的认知和理解。本次问卷调查呈现出的数据结果则表明，尽管党支部书记当选原因是多样且相互融合的，但受访者明显将党组织书记的个人因素置于首位。这充分说明，受访者普遍认同其所在的村（社区）党支部书记的能力和道德水平，并将其视为三个因素中的主导性因素，而这为党的政治领导力提升提供了最重要的保障。只有基层党组织书记充分发挥模范作用并受到群众广泛认可和欢迎，基层党组织的政治领导力才能真正得到有效发挥，才能真正有效让群众乐于接受党的政策、方针、路线、精神，才能真正有效推进基层党组织内党员在先进的党组织书记的影响下充分树立政治意识、大局意识、核心意识和看齐意识，才能在日常实践中以党的组织力提升带动国家治理现代化水平提升。

此外，为考察对于党组织书记当选因素理解的结构差异，我们对相关数据进行了交叉分析，并得到图 6 - 2 和图 6 - 3 的结果。如图 6 - 2 所示，不同受教育水平的受访者基本保持总体结构一致的看法，即均将个人因素视为其所在村（社区）党组织书记当选的首要因素，将组织因素视为次要因素，而将资源因素视为最不重要的因素。这从另一个侧面也证明了，阳泉市基层党组织具有受到不同群体广泛认可的政治领导力，党组织广泛受到信任，能够充分发挥党的组织力建设对推进国家治理现代化的赋能作用。如图 6 - 3 所示，与其他类型的受访者不同，在政治面貌为中共党员的受访者中，将组织因素作为其所

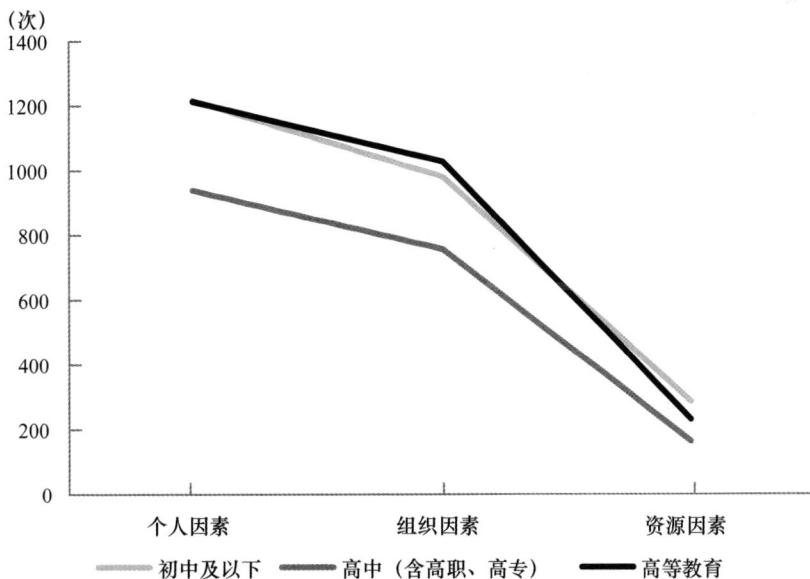

图 6 - 2　不同受教育水平群体对其所在村（社区）基层
党支部书记当选最重要因素的看法

在村（社区）基层党组织书记当选最重要的因素的受访者占比最高，并超过了选择个人因素的受访者数量。这表明，在未来党的组织力建设进程中，阳泉市应当关注基层党组织的党内民主发展状况，以基层党组织的党内民主带动基层党组织的凝聚力和党员个人积极性，让开展有序、讨论有力、内容有效的党内民主为党的政治领导力建设打上一针"强心剂"。

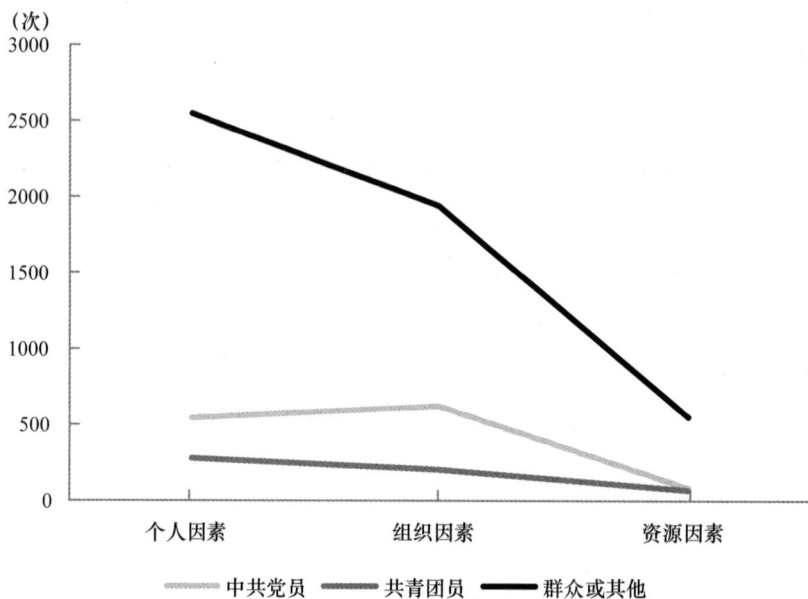

图6-3　不同政治面貌群体对其所在村（社区）基层
党支部书记当选最重要因素的看法

3. 群众期许

群众期许既能折射出当下党的政治领导力建设状况，又能为未来政治领导力建设发展提供指引。只有高度关注群众要求，才能将政治领导力变成贴近生活、群众乐于接受的一项项具体工作。因此，我们考察了群众对于党组织工作能力的期许。之所以关注党组织工作能力，是因为只有拥有良好的工作能力，党组织的政治领导力才能转化为治理效能，才能让群众在获得感中增强对党组织的信任，提升党组织在国家治理现代化进程中的地位，使党组织能够更好发挥其领导和整合作用。因此，我们在问卷中向受访者询问"在推进党组织工作能力提升中，您认为在以下哪方面发力最重要（限选两项）"，并得到了如图6-4所示的结果。

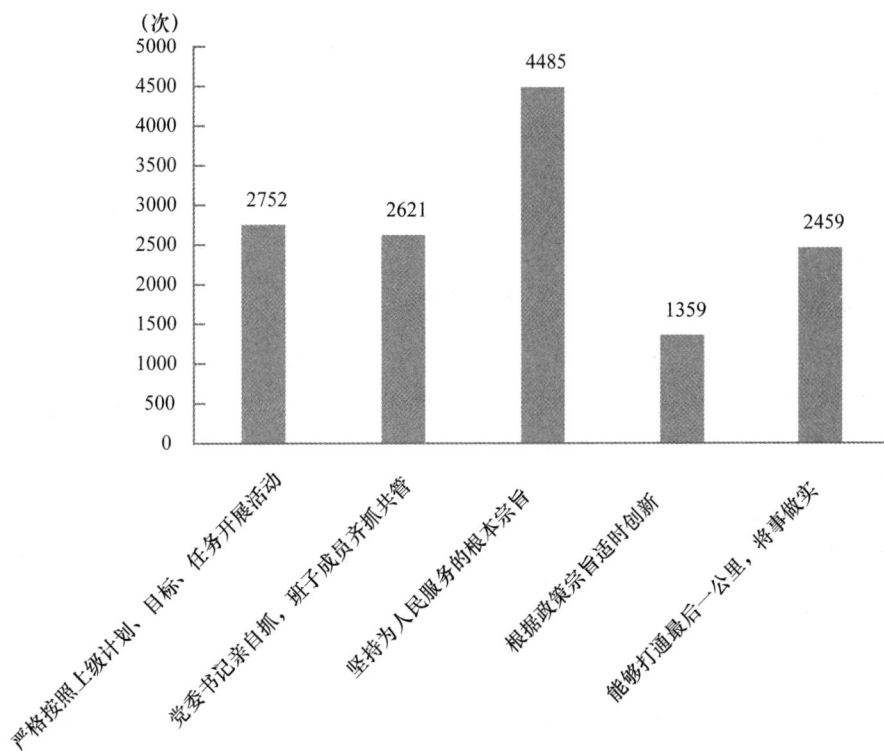

（次）

图6-4 受访者认为在推进党组织工作能力提升中在哪方面
发力最重要的调查结果

由图6-4可知，在各个选项中，最受受访者普遍关注的党组织工作能力提升发力点是"坚持为人民服务的根本宗旨"，"严格按照上级计划、目标、任务开展活动""党委书记亲自抓，班子成员齐抓共管""能够打通最后一公里，将事做实"三者受到的关注量大致类似，而"根据政策宗旨适时创新"这一选项则排在末尾。这一数据结果，至少能够反映出以下两方面内容。第一，阳泉市人民群众普遍关注党组织如何坚持为人民服务的根本宗旨，并希望未来重点加强党组织为人民服务的状况。这是因为，为人民服务这一根本宗旨直接关乎人民群众的日常生活。在党的各项工作和各项精神中，"为人民服务"始终在其中发挥着提纲挈领的作用。在中国共产党的历史上，全心全意为人民服务既造福了广大人民群众，又为中国共产党赢得了人民群众的支持。任何路线、方针、政策，最终都定位于为人民服务的精神中，而为人民服务也成为中国共产党最重要的合法性来源之一。在党的政治领导力建设中，为人民服务必须被置于关键位置。只有充分践行全心全意为人民服务的精神，党的政治领导力才能在人民群众中有立足点，才能在党的各项工作中发挥作用，才能保证国家治理现代化发展处于稳定态势。因此，在党的组织力建设中，阳泉应当继续高度关注与人民群众日常生活相关的各项工作，将人民群众的利益放在首位，为党的政治领导力提升奠定良好的基础。第二，阳泉市在政策创新方面成绩较为突出，受到群众支持。在各个选项中，"根据政策宗旨适时创新"一项受访者最少关注，这表明阳泉市在政策创新方面取得了良好的成绩。政策创新是基层治理的重要领域。要让政策贴近基层实际，就必须结合政策宗旨积极创新。在未来发展中，阳泉市应当继续关注政策创新的落实情况，让有效的政策创新发挥治理效能，对相关政策创新进行适度管理，把好政治关、法治关。

4. 治理效能认同

良好的治理效能既是提升政治领导力的结果，又为优化政治领导力提供了新的基础。只有让人民群众在治理中充分感受到治理效能，认同在党组织的领导带动下所取得的成效，才能让政治领导力真正深入人民群众当中。为了测量受访者的治理效能认同状况，我们在问卷中加入量表，让受访者对与基层治理效能认同相关的正面倾向表述进行打分。在这一量表中，我们加入了以下有关基层治理认同的正面倾向表述，即"居住在这个村（社区），生活很便利""我很认可这个村（社区）的管理水平""这个村（社区）的党建工作做得很好、很实际""与其他地方相比，这里的村（社区）环境条件令人满意""居住在这个村（社区）符合我们家庭的需求""我居住的村（社区）对我有特殊的情感意义""村（社区）让我有家一样的感觉""我很在意别人对自己村（社区）的看法"。在打分项方面，我们设置了六种回答，让受访者根据其生活的社区（村）所在地的真实情况，对表述的认可程度进行选择，即"完全不符合""比较不符合""有点不符合""有点符合""比较符合""完全符合"，并为六个选项分别赋分为1—6分。本量表所得数据具体结果如表6-5所示。

　　量表满分为48分，受访者评价平均分为38.95分，标准误为0.12。这表明，受访者普遍较为认同其所居住的村（社区）的治理效能，但这一认同仍有相当的提升空间。为进一步考察这一量表所反映的数据结果，我们对每一个表述的平均得分和标准误情况进行了分析。在量表内的各正面倾向表述中，"居住在这个村（社区），生活很便利"这一表述平均得分最高，达到了5.00分（标准误=0.02）；"村（社区）让我有家一样的感觉"这一表述平均得分则最低，为4.76分（标准误=0.02）。这一结果初步表明，受访者普遍较为认同其所在村（社区）的生活基础设施状况，但其对于其所在村（社区）的认同状况仍有待进一步提升。

　　为验证这一结果，我们对这一量表的内容进行了拆分，将其分为功能认同和情感认同两类表述。功能认同表述包括本量表的前四项表述，其内容是受访者个人对于所在村（社区）治理功能实现情况的态度，具有一定客观性；情感认同表述包

表 6 - 5　受访者关于基层治理认同的正面倾向表述量表的评分结果

正面倾向表述	完全不符合	比较不符合	有点不符合	有点符合	比较符合	完全符合	平均得分
居住在这个村（社区），生活很便利	269（3.93%）	197（2.88%）	301（4.40%）	813（11.89%）	2145（31.37%）	3113（45.53%）	5.00（s = 0.02）
我很认可这个村（社区）的管理水平	290（4.24%）	230（3.36%）	420（6.14%）	977（14.29%）	2028（29.66%）	2893（42.31%）	4.89（s = 0.02）
这个村（社区）的党建工作做得很好、很实际	278（4.07%）	226（3.31%）	383（5.60%）	1007（14.73%）	2032（29.72%）	2912（42.59%）	4.90（s = 0.02）
与其他地方相比，这里的村（社区）环境条件令人满意	352（5.15%）	260（3.80%）	467（6.83%）	1077（15.75%）	1863（27.24%）	2819（41.23%）	4.80（s = 0.02）
居住在这个村（社区）符合我们家庭的需求	273（3.99%）	211（3.09%）	347（5.07%）	989（14.46%）	2076（30.36%）	2942（43.02%）	4.93（s = 0.02）
我居住的村（社区）对我有特殊的情感意义	339（4.96%）	225（3.29%）	440（6.43%）	1159（16.95%）	1847（27.01%）	2828（41.36%）	4.82（s = 0.02）
村（社区）让我有家一样的感觉	329（4.81%）	255（3.73%）	515（7.53%）	1157（16.92%）	1752（25.62%）	2830（41.39%）	4.76（s = 0.02）
我很在意别人对自己村（社区）的看法	284（4.15%）	218（3.19%）	439（6.42%）	1203（17.59%）	1852（27.08%）	2842（41.56%）	4.85（s = 0.02）

括本量表后四项，其内容是受访者个人对于所在村（社区）的情感认知和态度，其主观性相对较强。两类表述的满分均为 24 分。统计结果表明，功能认同表述平均得分为 15.59 分（标准误 = 0.06），情感认同表述平均得分为 19.39 分（标准误 = 0.06）。对功能认同表述和情感认同表述进行 t 检验，t 检验结果为 $t = 2.4143$（$p < 0.01$），证明两者之间得分差异显著。因此，可以认为受访者对于其所在的基层治理单元的功能认同高于情感认同。这表明，阳泉市较好推进了基层治理功能的实现，其成效优于推进基层治理单元情感态度和凝聚力的相关工作。因此，在未来发展中，阳泉在继续推动基层治理功能实现的基础上，应当更加关注提升群众对于所在基层治理单元的情感态度，增强基层治理单元凝聚力，而在这一过程中，党的组织力能够得以彰显。党组织能够基于其政治领导力提升基层治理单元的凝聚力，也能在情感态度提升中基于基层党组织在基层治理单元中的重要作用而实现党的政治领导力的有效提升。

在此基础上，为进一步获得阳泉市治理效能认同的更多信息，我们在问卷中加入了一个基层治理认同消极倾向量表，在这一量表中列出有关基层治理认同的若干项负面倾向表述，并让受访者对这些表述进行打分。在量表中，我们列出了十三项负面倾向的表述，即"干部和群众关系紧张""党员越来越发挥不了模范引领作用""贫富差距越来越大""违法犯罪越来越多""经济纠纷越来越多""村民（社区居民）越来越自私了""村（社区）里年轻人越来越少""赡养老人的越来越少""村（社区）里生存环境越来越差""社会治安越来越差""社会风气越来越差""村（社区）里公共文化生活越来越少"和"在村（社区）里住的人越来越少"。在打分项方面，我们设置了七种回答，让受访者根据其生活的社区（村）所在地的真实情况，对表述的认可程度进行选择，即"非常不同意""不同意""有点不同意""一般""有点同意""同意"和"非常同意"，并为七个选项分别赋值1—7分。所得结果如表6-6所示。

　　量表满分为81分，平均分为40.27分，标准误为0.28。这一数据结果表明，受访者对于关于基层治理认同的负面倾向的表述总体较不同意。对正面倾向表述量表结果和负面倾向表述量表结果进行偏相关关系分析，得到偏相关关系系数为-0.32（$p < 0.001$），证明受访者关于基层治理认同的正面倾向表述和负面倾向表述的评分呈负相关，与关于基层治理正面倾向表述的量表结果能够形成对照。我们进一步考察了有关基层治理认同的负面量表的数据，并得到了以下几个结果。第一，受访者对其所在的村（社区）人口情况的不满相对突出，包括人口总量不满和人口结构不满两类。在负面倾向表述量表内的各项数据结果中，"村（社区）里年轻人越来越少"和"在村（社区）里住的人越来越少"的得分分别为3.69分和3.33分，分别在量表中得分第一和第三高。这表明，阳泉市的人口外流问题（特别是年轻人外流问题）已经引起了部分基层群众的不满，亟须采取有关措施增强本地区对于年轻人才的吸引力，建立更有利于发展的人口结构，为政治领导力提升赋予活力。第二，受访者对社会治安状况相对满意。在负面倾向量表的各项数据结果中，"社会治安越来越差"和"违法犯罪越来越多"的得分分别为2.71分和2.75分，分别在量表中得分排末尾和次末尾。这表明，阳泉市在社会治安工作方面的成绩较为优异，人民群众安全感较高，社会秩序相对稳定。第三，受访者对于贫富差距的意见相对明显。在负面倾向表述量表的各项数据结果中，"贫富差距越来越大"的得分为3.58分，在量表中得分次高。这表明，虽然阳泉市人民群众并不全然认同贫富差距越来越大，但对贫富差距的感知已经较为普遍。因此，在党的政治领导力建设过程中，更好、更有效地保障社会平等，加强兜底性福利保障制度，完善性普惠福利政策，尤其关注低收入群体经济状况，是阳泉市未来发展的重中之重。

表6-6　受访者关于基层治理认同的负面倾向表述量表的评分结果

负面倾向表述	非常不同意	不同意	有点不同意	一般	有点同意	同意	非常同意	平均得分
干部和群众关系紧张	2167 (31.39%)	1260 (18.43%)	401 (5.86%)	1659 (24.26%)	410 (6.00%)	387 (5.66%)	554 (8.10%)	3.03 (s=0.02)
党员越来越发挥不了模范引领作用	2121 (31.02%)	1308 (19.13%)	429 (6.27%)	1352 (19.77%)	573 (8.38%)	457 (6.68%)	598 (8.75%)	3.10 (s=0.02)
贫富差距越来越大	2023 (29.58%)	879 (12.85%)	318 (4.65%)	1151 (16.83%)	677 (9.90%)	781 (11.42%)	1009 (14.76%)	3.58 (s=0.03)
违法犯罪越来越多	2551 (37.31%)	1426 (20.85%)	511 (7.47%)	1200 (17.55%)	343 (5.02%)	292 (4.27%)	515 (7.53%)	2.75 (s=0.02)
经济纠纷越来越多	2230 (32.61%)	1223 (17.89%)	443 (6.48%)	1407 (20.58%)	462 (6.76%)	468 (6.84%)	605 (8.85%)	3.07 (s=0.02)
村民（社区居民）越来越自私了	2187 (31.98%)	1212 (17.72%)	485 (7.09%)	1291 (18.88%)	566 (8.28%)	491 (7.18%)	606 (8.86%)	3.11 (s=0.02)
村（社区）里年轻人越来越少	1893 (27.68%)	740 (10.82%)	360 (5.26%)	1243 (18.18%)	663 (9.70%)	1076 (15.74%)	863 (12.62%)	3.69 (s=0.03)
赡养老人的人越来越少	2269 (33.18%)	1226 (17.93%)	565 (8.26%)	1191 (17.42%)	514 (7.52%)	473 (6.92%)	600 (8.77%)	3.04 (s=0.02)
村（社区）里生存环境越来越差	2323 (33.97%)	1319 (19.29%)	508 (7.43%)	1393 (20.37%)	387 (5.66%)	359 (5.25%)	549 (8.03%)	2.92 (s=0.02)
社会治安越来越差	2471 (36.14%)	1512 (22.11%)	592 (8.66%)	1229 (17.97%)	331 (4.84%)	243 (3.55%)	460 (6.73%)	2.71 (s=0.02)
社会风气越来越差	2410 (35.24%)	1435 (20.99%)	525 (7.68%)	1254 (18.34%)	352 (5.15%)	346 (5.06%)	516 (7.55%)	2.83 (s=0.02)
村（社区）里公共文化生活越来越少	2216 (32.41%)	1184 (17.32%)	400 (5.85%)	1412 (20.65%)	494 (7.22%)	534 (7.81%)	598 (8.75%)	3.11 (s=0.02)
在村（社区）里住的人越来越少	2061 (30.14%)	992 (14.51%)	455 (6.65%)	1374 (20.09%)	504 (7.34%)	791 (11.57%)	661 (9.61%)	3.33 (s=0.03)

（二）思想引领力

建设党的思想引领力，就是要坚持党在思想上的领导作用，提升党的思想创新力、吸引力、说服力，在新环境下积极推动党的思想工作与时代实践相结合，让党在新时代更好地实现对全社会的思想引领，以思想引领力建设推动党的组织力建设全面提升。

1. 基层宣传

考察党的思想引领力，考察基层宣传是第一步。基层宣传距离群众最近，是基层群众在日常生活中最可及、最易于耳濡目染的宣传。在党的思想引领力建设过程中，关注基层发力，推动基层宣传工作有效落实，是在新时代推进党的领导力建设在基层生根发芽的重要举措。在基层宣传中，宣传栏是设置最广泛、信息最易得、受众最全面的宣传模式。因此，考察村（社区）的宣传栏状况，可以有效把握基层宣传客观情况。基于此，我们在问卷中向受访者询问"您所在的村（社区）的宣传栏中哪两类内容占比最大（限选两项）"，基于基层调研情况设置了"村（社区）信息公开""报纸""本村（社区）居民和周围商家的广告""党史、党建和党的精神宣传"以及"文娱活动信息"五个备选项，并得到了如图 6-5 的结果。

基于图 6-5，可以得出，在受访者所在的村（社区）宣传栏中，"村（社区）信息公开"及"党史、党建和党的精神宣传"通常占有较大比例。这两类内容，恰恰是党的组织力建设与基层治理有效衔接的关键点。村（社区）信息公开，是基层民主建设的第一步，即通过有效的信息供给为基层民主提供进行活动的动力，其内容包括基层民主议程、基层民主能力和基层民主认同等。因此，良好的信息公开可以有效促进基层民主

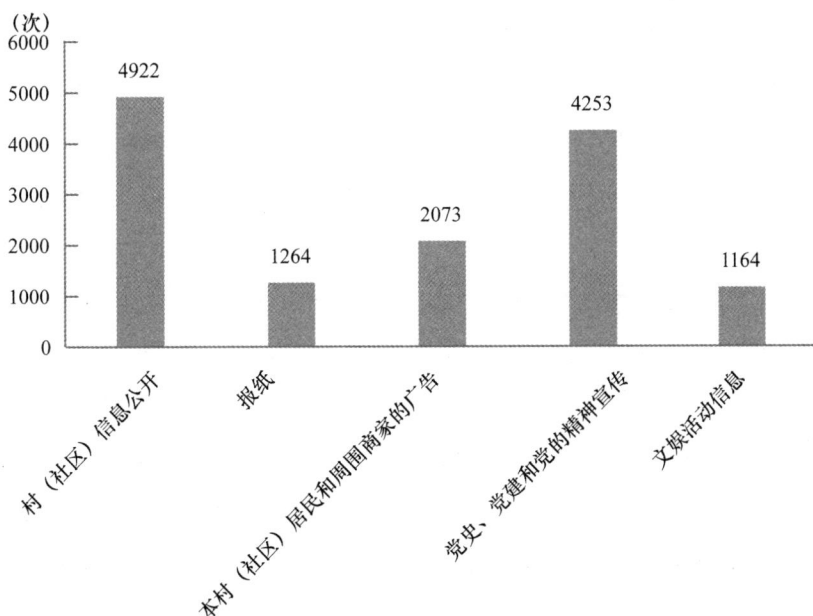

图6-5　受访者认为所在的村（社区）宣传栏中
占比最大内容的调查结果

建设，为有序、有意义、有积极性的基层民主活动打下良好的基础，而良好的基层民主活动能够有效赋能党的思想引领力建设。这是因为，在我国村和社区中，基层治理至少要完成三个任务，即为村（居）民提供服务、资源整合和动员、维持社会秩序和保障稳定。在基层治理过程中，党虽然处于主导地位，并且承担利益整合和资源动员的功能，但我国基层治理的复杂性特别是改革开放以来新局面下基层治理的复杂性，使得党难以独自承担所有职能。因此，在基层治理中，党必须有效动员基层群众的积极性，降低党的基层治理成本，这就要求基层党组织必须在坚持领导地位的基础上利用村（居）民和各类组织的相对优势，充分发挥各方积极性。因此，党必须毫不动摇地把握好思想引领工作，以思想引领调动村（居）民和各类组织的相对优势，在降低党的基层治理成本的基础上增强基层治理效能，让党的领导力发挥全面、发挥深入、发挥有效。因此，阳泉市村（社区）的宣传栏结合了信息公开内容和党的宣传内容，有利于在基层治理中充分发挥党的思想引领力对基层治理的赋能作用。在将来，阳泉市也应当进一步推进基层思想引领力建设工作，让思想引领力建设成为提升基层治理效能的关键所在。

推进基层思想引领力建设，不仅需要在思想宣传上充分发力，而且需要推动实践，既让党员在具体行动中感受到党的精神的号召，也让群众在具体行动中感受到党的先进性，更自觉地参与基层治理。在基层治理实践中，公益事业和义务劳动既是开展方式最简单、开展范围最广泛的思想引领力建设实践，也是基层群众最直观、最直接受益的思想引领力建设实践。因此，在问卷中，我们关注受访者对其所在村（社区）党员参与公益事业和义务劳动状况的感知，向受访者询问"在日常生活中，您所在的村（社区）内经常参与公益事业和义务劳动的党员数量多吗"，并得到了如表6-7的结果。

表6-7   受访者认为所在的村（社区）内经常参与
公益事业和义务劳动的党员数量是否多的调查结果

经常参加公益事业和义务党员的数量	频数	百分比（%）	累计百分比（%）
党员几乎不经常参与	537	7.85	7.85
较少党员经常参与	1251	18.30	26.15
一半党员经常参与	1364	19.95	46.10
较多党员经常参与	2278	33.31	79.41
几乎全部党员经常参与	1408	20.59	100.00
总计	6838	100.00	—

将五个选项分别赋值1—5，则受访者平均评分为3.40（标准误为0.01）。这一结果表明，受访者所在的村（社区）的党

员参与公益事业和义务劳动的情况整体较好。在村和社区中，党员并不全然仅仅是党组织的一员，也是村（居）民当中的一员，在日常生活中拥有相应群体中的社会资本，能够在基层治理各个领域对不同群体产生个人影响。只有党员在基层充分发挥模范作用，群众才能在思想上更加认同党在基层治理当中发挥的积极作用，才能在基层治理发展中拥有更大的获得感。因此，我们将本题的数据结果和基层治理认同的正面倾向表述量表的数据结果进行了偏相关分析，得到偏相关系数 0.33（$p < 0.001$）。这一结果表明，所在村（社区）内经常参加公益事业和义务劳动的党员数量同治理效能认同整体呈现正相关关系，党员参加公益事业和义务劳动能够有效提升群众对于村（社区）治理效能的认同感。此外，我们还考察了受访者所在村（社区）党员参与公益事业和义务劳动的不同情况对其关于基层党组织政治生态认知态度的影响，将本题的数据结果和政治生态氛围评价结果进行一元单因素方差分析，得到 $F = 362.29$，$p < 0.001$。这初步表明，在受访者所感知的基层党员参与公益事业和义务劳动状况不同的情况下，其基层党组织政治生态平均评分具有显著差异。进一步考察各数据结果，得到各项均值差均小于 0 且 p 值均小于 0.01。这一结果表明，感知到相对较多的党员经常参与公益事业和义务劳动，能够不同程度地提升对于基层党组织正气充盈、担当作为的政治生态评价。因此，思想引领力建设必须将思想宣传和实践引导相结合，将基层宣传工作做到实处，让党员在基层的先进实践带动党的领导力提升，使群众对党组织的认同内化于心，并以实际行动在党的领导下积极推进基层治理发展。

2. 群众期许

提升党的思想引领力，必须关注群众期许，在实践中及时掌握群众的需求和意见，以群众路线推动思想引领水平提升，让思想引领力真正在与群众相结合的过程中推进国家治理现代化进程。思想引领力至少包括党外和党内两个方面内容，即对党员和党组织内部的思想引领力和对群众、企业、社会组织等对象的思想引领力。两者相互关联，在党的全方面领导中实现了统一。因此，关注群众对于思想引领力提升的期许，应当从两方面分别考察，即群众对于党组织对外思想引领力和对内思想引领力提升的期许。基于这一原因，我们首先考察了对党组织对外思想引领力提升的期许情况，向受访者询问"您认为，本地党组织的宣传工作在哪个方面问题最为突出"，基于实地调研结果和相关研究经验设置了四个备选项，即"与现实生活关系不密切""宣传的形式过于单一""宣传的内容缺乏创新"以及"党员干部不重视宣传工作"，并得到了如表6-8所示的数据结果。

表6-8　　　　　　受访者认为本地党组织的宣传工作在哪个
方面问题最为突出的调查结果

工作问题	频数	百分比（%）	累计百分比（%）
与现实生活关系不密切	1780	26.03	26.03
宣传的形式过于单一	2866	41.91	67.94
宣传的内容缺乏创新	1813	26.51	94.45
党员干部不重视宣传工作	379	5.55	100.00
总计	6838	100.00	—

基于表6-8的数据，可以至少得出以下两个结论。第一，宣传的形式单一是当前阳泉市党组织宣传工作的相对短板。在问卷中，"宣传的形式过于单一"（2866次，41.91%）被最多受访者认为是本地党组织宣传工作最突出的问题。丰富的思想宣传形式是中国共产党在历史上取得思想斗争胜利的关键法宝之一，而只有适时丰富宣传形式，创造人民群众喜闻乐见的宣传形式，才能提升宣传工作效能，达到事半功倍的效果。新媒

体时代，多种信息载体发展不仅为传统宣传工作模式提出了挑战，也为新的宣传动能提供了突破点。在未来发展中，阳泉市应当继续积极利用新媒体技术下的多种传媒技术，结合阳泉市当地的文化特色和实践特色，让富有活力的宣传形式成为党的思想引领力提升的有力抓手。第二，当前阳泉市对于宣传工作的重视程度较高，党员干部对宣传工作的重视受到群众认可。在问卷中，选择"党员干部不重视宣传工作"的受访者数量（379 次，5.55%）远远少于选择其他选项的受访者。在我国的政治体制中，宣传工作始终贯穿在每一项工作的全过程中。在一项工作开展前，思想宣传起到统一认识、集中资源、减少阻力的作用；在一项工作开展过程中，思想宣传起到克服困难、争取资源、获得支持的作用；在一项工作基本完成后，思想宣传起到经验分享、引起关注、政策延续的作用。因此，宣传工作从理论和实践两个维度必然持续受到地方政府的关注，而对阳泉市受访者调查的数据结果则证明了这一点。因此，在未来发展中，必须继续坚持重视宣传工作不动摇，在宣传工作推进中重视基层群众对宣传工作的观感，提升宣传工作人员整体素质，既要避免宣传工作失误带来舆情危机，也要让富有吸引力的宣传工作带动思想引领力整体提升。

（三）群众组织力

群众组织力指的是党依靠、动员、组织、教育人民群众开展伟大斗争、建设伟大工程、推进伟大事业、实现伟大梦想的能力。群众组织力是党永葆旺盛生命力和强大战斗力的基础性能力，是组织和动员群众参与社会实践活动的能力。[1] 发挥群众

---

① 尹传政：《增强党的群众组织力探析》，《中国特色社会主义研究》2020 年第 2 期。

组织力，意味着党要发动群众与组织群众参与社会主义现代化建设的事业，使党的组织优势转化为力量优势。在革命、建设、改革的历程中，群众路线是党的生命线和根本工作路线，是党永葆青春活力和战斗力的重要传家宝，[①] 在新时代发挥与增强党的群众组织力，是坚持群众路线的内在要求，也是进一步夯实执政根基、维护社会繁荣稳定的必经之路。

1. 群众的协商民主参与

自党的十八大以来，以习近平同志为核心的党中央十分重视完善保持党同人民群众血肉联系的长效机制。完善联系群众的制度体系，一方面有利于立足实际、切实解决群众反映强烈的突出问题，另一方面也有利于建立健全促进党员、干部坚持为民务实清廉的长效机制。[②] 完善群众的协商民主参与机制是加强与群众联系的重要内容，制度化的协商会、听证会、恳谈会等活动为群众提供了表达意见的渠道，也有利于党员、干部发现问题、解决问题。其背后的政治逻辑在于，建立有效互动途径促进政治参与，在"参与—提出问题—解决问题"的过程中增进政治信任。从群众组织力的视角出发，协商民主参与机制的存在是联系群众、增强群众组织力的基础性条件，其与群众组织力之间存在一个双向促进的作用，民主协商参与机制越完善，越有利于联系群众，群众也越积极参与民主协商。可以说，群众的参与热情与参与程度则反映了群众组织力在某一阶段的实际效能。因此，在问卷调查中，我们选择直接向受访者询问参与民主协商的频次，在问卷中设置"过去一年您参与协商会、听证会、恳谈会等活动的次数？"问题，并得到了如表6-9所示的结果。

---

① 习近平：《在纪念毛泽东同志诞辰120周年座谈会上的讲话》，《党的文献》2014年第1期。

② 习近平：《在全国组织工作会议上的讲话》，人民出版社2018年版，第19页。

表6-9　　　　受访者过去一年参与协商会、听证会、恳谈会等
活动的次数的调查结果

参与次数	频数	百分比（%）	累计百分比（%）
0 次	4779	69.89	69.89
1—4 次	1872	27.38	97.27
5—12 次	132	1.93	99.20
12 次以上	55	0.80	100.00
总计	6838	100.00	—

在收回的有效问卷中，本题平均得分为 1.33 分（1 = "从不参与"，5 = "总是参与"，以此类推），标准误为 0.007。在各项回答中，过去一年从未参与过协商会、听证会、恳谈会等活动的受访者有 4779 人，占总人数的 69.89%，与之相对，参与过协商民主活动的民众占总人数的 30.11%，包括参与过"1—4 次"（1872 次，27.38%）、5—12 次（132 次，1.93%）和"12 次以上"（55 次，0.80%）。从中可以看出，过去一年有参与协商民主经历的受访者所占比重相对较少，大部分受访者与协商民主参与之间保持了一定的距离。由此可以认为，为增强群众组织力，阳泉市在推进党的组织力建设进程中，未来应当继续重点关注群众的协商民主参与。群众的协商民主参与程度不仅反映了群众组织力水平，从其实际运作效果而言，也有利于群众组织力的进一步提升。

此外，为了进一步考察受访者协商民主参与的影响因素，我们对相关数据进行了交叉分析，结果如图 6-6 和图 6-7 所示。图 6-6 表明，不同受教育水平受访者的协商民主参与程度存在一定的相似性，受教育水平并不是群众协商民主参与程度的决定性因素。而在图 6-7 中，"群众或其他"身份的受访者在过去从未参与协商会、听证会、恳谈会等活动的有 3639 人，占"群众及其他"群体的 72.23%，大于"中共党员""共青团员"等群体中从未参与过协商民主活动的受访者比重，因而在未来党的组织力建设进程中，阳泉市应当继续重视增强协商民

主活动对群众的吸引力，通过提高协商会、听证会、恳谈会等活动开展次数、活动实际效能等方式，鼓励有序的、制度化的政治参与。中共党员、共青团员群体中，参与协商会、听证会、恳谈会等活动的比重相对较高，从治理的实际效能出发，阳泉市可以进一步引导党员、团员充当反映民意、汇集民意的中介，以党员、团员为媒介，扩大协商民主活动的影响力。

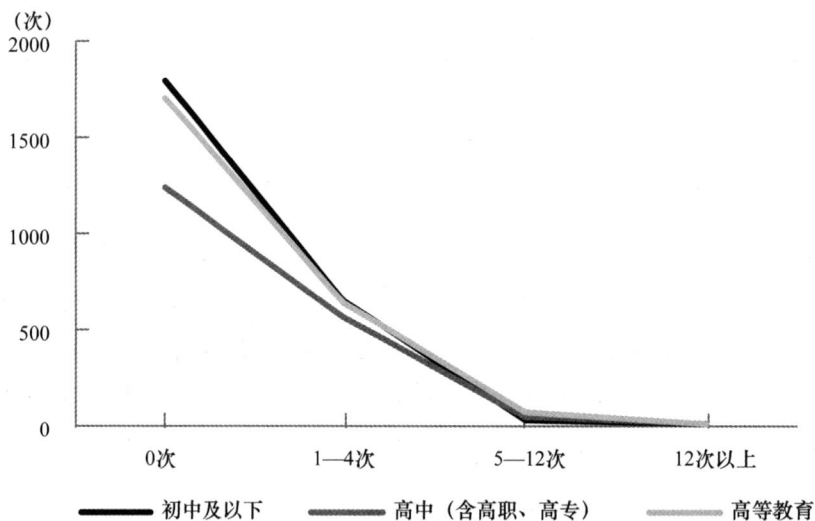

图6-6 不同受教育水平群体在过去一年参与协商会、听证会、恳谈会等活动的次数

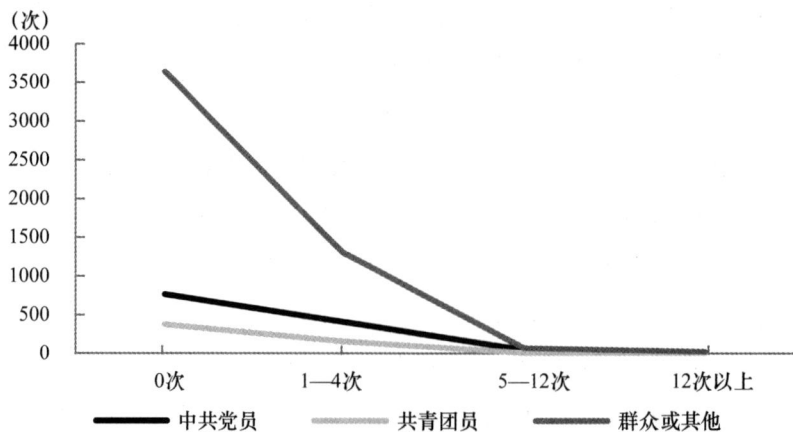

图6-7 不同政治面貌群体在过去一年参与协商会、听证会、恳谈会等活动的次数

2. 基层群众的意见表达

在党的组织建设过程中，群众意见表达是值得重视的一项内容。从社会发展的整体视角出发，群众意见表达与否是事关党的方针政策合理与否的基础，也是社会稳定的安全阀。① 列宁也曾指出："一个国家的力量在于群众的觉悟。只有当群众知道一切，能判断一切，并自觉地从事一切的时候，国家才有力量。"② 就党的组织力建设而言，作为基层治理直接面向的个体，群众显然"知道一切"，而由"群众知道一切"转向"党知道一切"，既是党的群众组织力的展现，也是密切党群关系的内生动力。这一方面要求群众敢于表达意见、提出问题，另一方面也需要客观存在能使群众表达意见的渠道，换言之，要让群众能够表达意见、提出问题。基于此，我们在问卷中设置了"您认为，当前推进本地民众意见表达工作的短板在哪里？"这一问题，得到了如表6-10所示的结果，统计结果能够为未来加强群众组织力、进一步密切党群联系提供可能的进路。

表6-10　　受访者认为当前推进本地民众意见表达工作的短板的调查结果

工作短板	频数	百分比（％）	累计百分比（％）
表达渠道单一或难以获得方便的表达渠道	2226	32.55	32.55
反馈渠道单一	2350	34.37	66.92
反馈内容不能让人满意	860	12.58	79.50
民众对身边的问题与意见表达漠不关心	1402	20.50	100.00
总计	6838	100.00	—

---

① 祝奉明、陈伟：《新时代农村党组织群众组织力的研究范畴及建设路径》，《东岳论丛》2019年第12期。

② 《列宁全集》第14卷，人民出版社2017年版，第121页。

其中，认为"反馈内容不能让人满意"的受访者仅有12.58%，这表明，在绝大多数受访者看来，群众表达意见后，基层党组织的反馈内容往往是充实且有效的，因而可以说，阳泉市在对群众意见的反馈方面工作成效显著。在政治参与研究中，高质量的反馈一贯被认为是提升政治效能感、避免政治冷漠的重要因素，[①] 因而持续关注提升反馈内容的质量有利于发展有序的政治参与，促进党群互动，密切党群联系。20.50%的受访者认为民众对身边的问题与意见表达漠不关心是本地民众意见表达工作最突出的短板，占比同样相对较低，说明大部分受访者对民众意见表达持积极看法，并不认为民众之中存在着影响本地民众意见表达工作的政治冷漠现象，综合"反馈内容不能让人满意"这一选项的结果来看，阳泉市的党群互动相对活跃，党组织的回应性与群众的参与积极性都保持了较高的水平。

与之相对的是，分别有34.37%和32.55%的受访者选择了"反馈渠道单一""表达渠道单一或难以获得方便的表达渠道"，因此阳泉市并不缺乏表达的积极性与反馈的有效性，反馈渠道方面的缺陷才是当前推进本地民众意见表达工作最主要的短板。因而，在进一步加强党的群众组织力建设时，阳泉市理应考虑拓宽群众意见表达渠道，创新群众意见表达方式，便利群众的意见表达，尊重群众政治参与的积极性，在保持高回应性与高参与度的条件下，从渠道、途径方面入手推进本地民众意见表达工作，补齐当前的工作短板，以意见表达为纽带，增强与民众的血肉联系。

3. 党组织直接带来的获得感

增强党的群众组织力，除了要保持与群众的血肉联系之外，

---

① 杨光斌：《政治冷漠论》，《中国人民大学学报》1995 年第 3 期。

也要注意保护群众利益、满足群众需求，通过提升群众的获得感增强党的群众组织力。毛泽东曾指出，要把群众组织起来"一切空话都是无用的，必须给人民以看得见的物质福利"①。习近平总书记也曾指出："一切群众的实际生活问题，都是我们应当注意的问题。假如我们对这些问题注意了，解决了，满足了群众的需要，我们就真正成了群众生活的组织者，群众就会真正围绕在我们的周围，热烈地拥护我们。"② 从"群众"这一概念本身出发，个人是属于社会各部分的个人，并不拥有抽象的法律或公民权利，而只拥有具体的社会经济权益。这就意味着，一旦有人去领导，群众对于社会经济正义的要求将促使其成为政治积极分子。③ 出于这一考虑，基层党组织应注意保护群众对社会经济权益的合理要求，党组织直接带来的获得感将使群众自觉地接受党的领导，从而实现群众组织力的提升。为了测量党组织直接带来的获得感提升群众组织力的情况，我们在问卷中加入量表，让受访者对党组织带来的获得感进行打分。在这一量表中，我们加入了四个不同的获得感来源途径，即"本地基层党组织党员责任区、示范岗、便民服务岗等线下活动""本地基层党组织党员结对帮扶群众活动""本地基层党组织的线上群众工作平台""本地基层党组织保障群众在公共决策中行使知情权、表达权、监督权"。在打分项上，我们设置了"效果明显""效果一般""效果不明显""没有效果""不了解"五项，并为五个选项分别赋分 1—5 分（1 分 = "效果明显"，5 分 = "不了解"，以此类推）。本量表所得数据具体结果如表 6 - 11 所示。

---

① 《毛泽东选集》，人民出版社 1993 年版，第 467 页。
② 《习近平谈治国理政》，外文出版社 2014 年版，第 378、379 页。
③ 邹谠：《中国革命再解释》，香港大学出版社 2002 年版，第 68 页。

表6-11 受访者关于党组织带来的获得感量表的评分结果

党组织直接带来获得感的途径	效果明显	效果一般	效果不明显	没有效果	不了解	平均分
本地基层党组织党员责任区、示范岗、便民服务岗等线下活动	3144 (45.98%)	1736 (25.39%)	735 (10.75%)	201 (2.94%)	1022 (14.95%)	2.15 (s=0.02)
本地基层党组织党员结对帮扶群众活动	3199 (46.78%)	1712 (25.04%)	697 (10.19%)	244 (3.57%)	986 (14.42%)	2.14 (s=0.02)
本地基层党组织的线上群众工作平台	3181 (46.52%)	1673 (24.47%)	685 (10.02%)	232 (3.39%)	1067 (15.60%)	2.17 (s=0.02)
本地基层党组织保障群众在公共决策中行使知情权、表达权、监督权	3248 (47.50%)	1664 (24.33%)	674 (9.86%)	238 (3.48%)	1014 (14.83%)	2.14 (s=0.02)

　　量表满分为40分，受访者评价平均分为8.6分，标准误为0.08。这表明，受访者普遍较为认同本地党组织直观地为他们带来了获得感，但党组织直接带来的获得感仍有一定提升空间。为进一步考察这一量表所反映的数据结果，我们对每一个表述的平均得分和标准误情况进行了分析。量表内的各获得感来源途径得分较为平均，在2.10—2.20之间浮动，这一结果证明，本地基层党组织的党员责任区、示范岗、便民服务岗等线下活动，党员结对帮扶群众活动，线上群众工作平台以及本地基层党组织对群众在公共决策中行使知情权、表达权、监督权的保障对群众产生了一定的直接影响，但是上述活动的实际效果还需要进一步提升。就具体数据而言，认为基层党组织直接带来获得感的四种途径效果明显的受访者占比全部超过45%，可以说，大部分受访者能够通过本地基层党组织开展的各类线下、线上活动维护自身社会经济利益，保护自身合法权益。然而不容忽视的是，仍有一定比重的受访者表示对基层党组织开展的各项活动带来的获得感"不了解"，为进一步提升党的群众组织

力，还需要使基层党组织的各种活动更加普及，为群众所全面了解，只有在了解的基础上，群众才可能参与，进而产生获得感。总的来说，阳泉市基层党组织积极开展便民服务、帮扶群众等多项活动，直接提升了群众的获得感，在很大程度上展现出了较高水平的群众组织力。然而，仍有一部分群众并不了解基层党组织的活动，也无法从中感受到获得感，在未来的工作中，要注重增进群众对党组织各类便民活动的了解和认同，进一步提升党组织直接带来的获得感，增进党的群众组织力。

（四）社会号召力

党的社会号召力是党通过政治权威、领导制度、执政绩效、意识形态、思想宣传对社会成员进行引导、感召与凝聚，使社会成员产生强烈的向心力、认同力与归属感，共同实现政治目标的能力。[①] 在中国共产党的百年奋斗历程中，社会号召力一直是党的政治优势与制胜法宝，凭借强大的社会号召力，党总是能够获得认同、凝聚共识、发动群众，在群众的支持下战胜一个又一个困难。现阶段，中国共产党面临新的问题与挑战，进一步加强社会号召力，是加强党的建设、提升执政能力的必由之路，也是党团结带领全国各族人民夺取新时代中国特色社会主义新的伟大胜利的必然要求。

1. 党组织的矛盾处理

改革开放后，过去"分化程度较低、分化速度缓慢、具较强同质性"[②] 的中国社会逐渐向着多元差异、自主性突出的状态

---

① 郭一宁：《百年来中国共产党社会号召力的实践逻辑与提升路径》，《探索》2022 年第 1 期。

② 孙立平等：《改革以来中国社会结构的变迁》，《中国社会科学》1994 年第 2 期。

发展，中国的社会结构也由总体性向着分化性转变，社会利益格局急速调整，社会分化程度陡然上升，尽管这一现象伴随着经济的飞速发展，但也带来了利益的分化与社会矛盾的凸显。如果放任社会矛盾加剧而不予处理，将损害政治认同，加剧社会离心倾向；而正确处理社会中的各类矛盾，特别是在基层中存在的多元矛盾，是党组织凝聚与提升社会号召力的重要途径。为了测量受访者对党组织矛盾处理的认知状况，我们在问卷中加入量表，让受访者对与党组织处理社会矛盾相关的正面倾向表述进行打分。在这一量表中，我们加入了以下有关党组织处理社会矛盾的正面倾向表述，即"当人们内部之间发生矛盾冲突时，党组织是化解问题的主要主体""党组织可以公平、公正地处理矛盾和冲突""党组织可以有效地化解矛盾和冲突""对于党组织的解决方法，人们是认同和支持的"。在打分项方面，我们设置了五种回答，让受访者根据其实践经验与认知情况，对表述的认可程度进行选择，即"非常不同意""比较不同意""一般""比较同意""非常同意"，并为五个选项分别赋分为1—5分。本量表所得数据具体结果如表6-12所示。

表6-12　　受访者关于基层治理认同的正面倾向表述量表的评分结果

正面倾向表述	非常不同意	比较不同意	一般	比较同意	非常同意	平均得分
当人们内部之间发生矛盾冲突时，党组织是化解问题的主要主体	254 (3.71%)	143 (2.09%)	1095 (16.01%)	1861 (27.22%)	3485 (50.97%)	4.20 ($s = 0.01$)
党组织可以公平、公正地处理矛盾和冲突	245 (3.58%)	154 (2.25%)	1043 (15.25%)	1806 (26.41%)	3590 (52.50%)	4.22 ($s = 0.01$)
党组织可以有效地化解矛盾和冲突	240 (5.31%)	143 (2.09%)	1088 (15.91%)	1806 (26.41%)	3561 (52.08%)	4.21 ($s = 0.01$)
对于党组织的解决方法，人们是认同和支持的	235 (3.44%)	130 (1.90%)	987 (14.43%)	1828 (26.73%)	3658 (53.50%)	4.25 ($s = 0.01$)

量表满分为 20 分，受访者评价平均分为 16.88 分，标准误为 0.04。这表明，受访者普遍较为认同基层党组织的矛盾处理效能。为进一步考察这一量表所反映的数据结果，我们对每一个表述的平均得分和标准误情况进行了分析。在量表内的各正面倾向表述中，"对于党组织的解决方法，人们是认同和支持的"这一表述平均得分最高，达到了 4.25 分（标准误 = 0.01）；"当人们内部之间发生矛盾冲突时，党组织是化解问题的主要主体"这一表述平均得分则最低，为 4.20 分（标准误 = 0.01）。这一结果初步表明，受访者普遍较为认同党组织的矛盾处理结果的权威性，但在处理社会矛盾时，党组织并不是唯一的主体。为验证这一结果，我们对上述两项内容的得分情况进行了 t 检验。t 检验结果为 $t = -3.0730$（$p < 0.01$），证明两者之间得分差异显著。因此，可以认为受访者对党组织解决矛盾方法的认同高于受访者对于党组织是化解问题的主要主体这一判断的认同。

因而，未来阳泉市在加强党的社会号召力建设时，应当继续关注自身在处理矛盾方面的独特性，在维持合理的解决矛盾方法的同时，提升自身作为化解矛盾冲突主体的不可替代性。党组织首先对自身应有正确定位，做出准确判断，抓住社会主要矛盾和中心任务，凝心聚力。党组织作为处理社会矛盾的唯一主体显然是不现实的，其结果也必然是低效的，但党组织依然有必要提升自身在社会矛盾处理中的主体性，在面对多元化、碎片化的利益诉求与矛盾冲突时，主动发挥自身的政治优势、组织优势、资源优势，调和不同群体之间的矛盾，有效解决不同群体的利益诉求，由此获得社会的支持和响应，不断增强自身社会号召力。

2. 思想动员和资源动员

在中国共产党百年奋斗的征程中，党始终以增强思想凝聚力和引领力为抓手，牢牢抓住思想政治教育这条"生命线"，这是党始终保持社会号召力的重要经验。① 现阶段，社会思潮纷繁复杂，思想的多元化趋势愈加明显，在这种情况下，想要充分发挥党的社会号召力，需要筑牢党和社会共同的思想基础、价值导向与目标愿景，增强主流意识形态的引领力、凝聚力、感染力，以习近平新时代中国特色社会主义思想、百年奋斗目标、社会主义核心价值观作为加强思想动员的主要资源，形成坚实的理论基础、凝聚人心的共同愿景、汇聚力量的共同价值追求。

在问卷中，我们设置了"您认为，党组织的指导思想、工作方针、文化理念在您所在的村庄（社区）的普及程度"这一问题，以考察受访者对于当地思想动员情况的认同情况，将思想动员的效度划分为"基本实现全覆盖，普及程度高""覆盖了大部分人，普及程度较高""只有一部分人知道，普及程度一般""完全不了解，普及程度较低""不太清楚"五个层级，并得到了如表6-13所示的数据结果。

表6-13　受访者认为党组织的指导思想、工作方针、文化理念
在其所在的村庄（社区）的普及程度的调查结果

普及程度	频数	百分比（％）	累计百分比（％）
基本实现全覆盖，普及程度高	2306	33.72	33.72
覆盖了大部分人，普及程度较高	2114	30.92	64.64
只有一部分人知道，普及程度一般	1336	19.54	84.18
完全不了解，普及程度较低	272	3.97	88.15
不太清楚	810	11.85	100.00
总计	6838	100.00	—

从表6-13数据可知，认为党组织的指导思想、工作方针、

---

① 田旭明、李阳：《中国共产党提升社会号召力的百年历史经验》，《科学社会主义》2021年第2期。

文化理念"基本实现全覆盖，普及程度高"的受访者占比最高，达到了 33.72%，紧随其后的是认为"覆盖了大部分人，普及程度较高"的受访者，占比为 30.92%，且仅有 3.97% 的受访者表示"完全不了解，普及程度较低"。由此可以判断，在阳泉市，党组织的指导思想、工作方针、文化理念普及程度较高，思想动员工作效果较好。与此相对的是，有 19.54% 的受访者认为普及程度一般，另有 11.85% 的受访者表示对普及情况"不太清楚"。综合来看，阳泉市的思想引领工作在总体上效果显著，但是仍有一部分群众不了解党组织的指导思想、工作方针、文化理念。想要思想动员工作实现全部覆盖，还需要意识到思想动员的重要性与艰巨性，创新思想动员的方式，牢牢把握主流意识形态导向，以生动鲜活、群众易于接受的方式宣传党的主张、党的方针，使党组织的指导思想、工作方针、文化理念以"春风化雨"的方式浸润群众的日常生活。

在思想动员之外，资源动员也是发挥党的社会号召力的重要途径。社会资源是社会成员赖以生存和发展的基础，掌握丰富的社会资源，有效地进行社会资源的动员，是实现革命、建设、改革成功的基础。[①] 作为中国的执政党，跨越百年奋斗历史，中国共产党掌握着无可比拟的政治资源、组织资源、人力资源、文化资源，并且基于政治、经济、社会方面的一系列制度安排，中国共产党能够在实质上对社会中的各种资源进行有效的调整与分配，改革开放以来，党也以实际行动证明了自身在"集中力量办大事"上的核心作用。党组织能否通过集中优势力量、发挥社会资源动员能力完成重点工作、执行重大项目，正是其社会号召力强弱的展现。基于此，我们在问卷中向受访者询问"根据您的亲身经验，您认为，您所在的基层党组织在

---

① 贺玉红：《党的社会号召力产生机制与新时代提升》，《湖湘论坛》2022 年第 4 期。

执行各大项目任务中集中优势力量、充分动员社会资源的能力有多强"，并将资源动员能力划分为"非常强""比较强""一般""比较弱""非常弱"五个层级，得到表6-14中的数据。

表6-14 受访者认为其所在的基层党组织在执行各大项目任务中集中优势力量、充分动员社会资源的能力强弱的评分结果

资源动员能力	频数	百分比（%）	累计百分比（%）
非常强	2180	31.88	31.88
比较强	2407	35.20	67.08
一般	2016	29.48	96.56
比较弱	152	2.23	98.79
非常弱	83	1.21	100.00
总计	6838	100.00	—

如表6-14所示，认为其所在基层党组织在执行各大项目任务中集中优势力量、充分动员社会资源的能力"非常强""比较强""一般"的受访者占绝对多数，与之相对的是，仅有2.23%的受访者选择了"比较弱"、1.21%的受访者选择了"非常弱"。这表明，阳泉市在推进党的组织力建设过程中，发挥了一定的资源动员能力，绝大多数受访者能够感知到自身所在基层党支部发挥资源动员能力产生的积极影响。然而，仍有29.48%的受访者认为其所在的基层党组织在执行各大项目任务中集中优势力量、动员社会资源的能力一般，因此，阳泉市的基层党组织在后续工作中也要注意提升资源动员的效能，以先锋队的旗帜感召群众、以严密的组织体系动员群众、以党员模范为表率、以坚定的理想信念凝聚人心，更充分地运用基层党组织所掌握的资源，发挥党的政治优势、组织优势、人力优势、文化优势。

为进一步分析阳泉市的思想动员和资源动员情况，我们对思想动员和资源动员的相关数据进行了t检验，得到结果$t =$

12.3996（$p > 0.05$）。这一结果表明，受访者对于其所在地基层党组织的思想动员能力和资源动员能力的平均认知水平不存在显著差异。因为，为进一步增强阳泉市党的社会号召力，基层党组织可以考虑同步推进思想动员与资源动员，在发挥资源优势执行重大事项时以思想动员凝聚人心；以先进思想号召群众时，同样可以发挥先锋队、广大党员的作用，充分利用资源优势。通过思想动员与资源动员的双向促进，提升党的社会号召力，使党的行动内化为群众共鸣共情的认同感、外化为自觉自发响应党的号召的执行力。

3. 群众期许

党的社会号召力最重要的体现是组织和动员民众的能力。[①]增强党的社会动员力，说到底是要始终坚持以人民为中心，满足群众的合理期许，使党赢得群众的拥护与支持，是党组织成为群众满意、群众认可的党组织。因此，我们在问卷中向受访者询问"您认为通过哪些方式可以较好提升基层党组织的社会号召力（限选两项）"，设置了"以基层党组织的组织建设带动各种社会组织建设，最大限度地把各种资源动员起来""拓展群众参与决策、表达意愿、监督基层党组织和干部的渠道，推进基层民主建设""加强基层党组织的作风建设和反腐倡廉工作""强化基层党组织的思想政治工作，提升党组织的文化引导""加强对基层党组织的党员队伍建设，保持党员队伍的先进性和纯洁性"五个选项，并得到了如图 6-8 的结果。

由图 6-8 可知，受访者普遍关注"拓展群众参与决策、表达意愿、监督基层党组织和干部的渠道，推进基层民主建设"，其次是"以基层党组织的组织建设带动各种社会组织建设，最

---

① 贺玉红：《党的社会号召力产生机制与新时代提升》，《湖湘论坛》2022 年第 4 期。

（次）

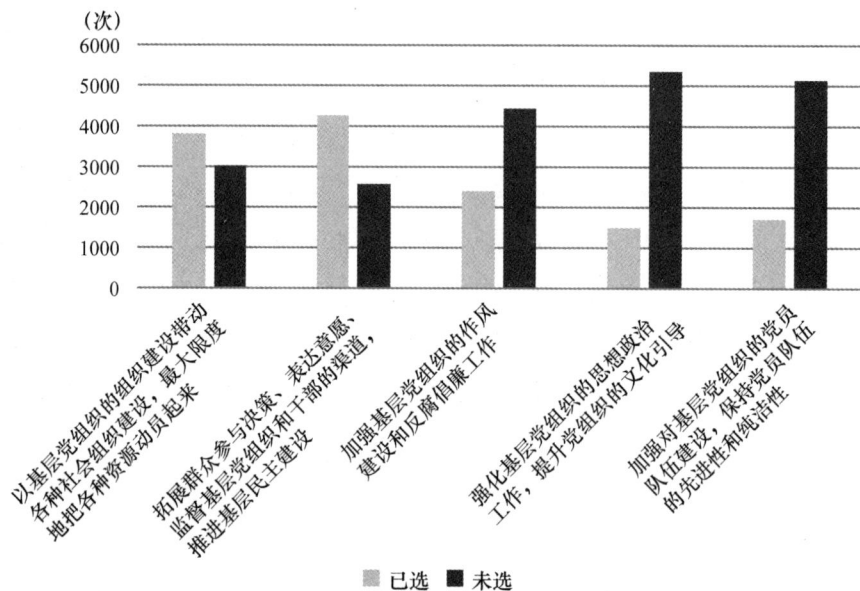

图 6-8　受访者认为可以较好提升基层党组织的
社会号召力方式的调查结果

大限度地把各种资源动员起来"。与之相关的是，大部分受访者
并未选择加强基层党组织的作风建设和反腐倡廉工作、强化基
层党组织的思想政治工作以及优化基层党组织的党员队伍建设
情况。这表明，受访者更加关注在建设基层党组织的社会号召
力时能够对自身实际利益与知情权、参与权、表达权、监督权
产生积极影响的举措，期望基层党组织能够通过动员社会资源、
加强基层民主建设提升党的社会号召力，而对基层党组织的作
风建设、文化引导、党员队伍建设情况相对满意。因此，为了
进一步推进党的社会号召力建设，阳泉市各类基层党组织应坚
持以人民为中心，满足群众的期许，最大限度地把各种资源动
员起来、激发社会会活力，回应多元的参与意愿、重视全过程
人民民主建设，以群众期许为工作导向，引导人民群众听党话、
跟党走。

4. 群众的公共事业参与状况

志愿活动是公众参与社会生活的一种重要方式。志愿者在志愿活动中培育政治社会所需要的参与意识，通过志愿活动和志愿组织为调整社会生活和人际关系做出贡献。开展志愿活动、发展志愿组织能够唤醒群众、凝聚群众、服务群众，从而有效地动员、引领群众参与新时代的伟大事业，为实现党的二十大提出的宏伟目标团结奋斗。在我国，尽管志愿活动既非完全由官方主导，亦非完全的民间行为，但党始终作为引领者影响、引导着我国志愿组织的活动与志愿活动的开展，反映着群众的公共事业参与情况，因而可以说，志愿组织是社会号召的重要方面。在问卷中，我们向受访者询问"在过去一年中，您是否参加过志愿服务活动？"这一问题，借此考察其所在地党组织对群众的公共事业参与的引领情况，从而判断党的社会号召力水平，调查结果如表6－15所示。

表6－15　　　受访者在过去一年中参加志愿服务活动的调查结果

群众的公共事业参与	频数	百分比（%）	累计百分比（%）
经常参加	2030	29.69	29.69
偶尔参加	2581	37.74	67.43
从未参加	2016	32.57	100.00
总计	6838	100.00	—

表6－15显示，在过去一年中，有29.69%的受访者"经常参加"志愿服务活动，37.74%的受访者"偶尔参加"志愿服务活动，仅有32.57%的受访者表示"从未参加"志愿服务活动。这表明，参与志愿服务活动在受访者之中相当普遍，志愿服务对于近三成的受访者而言，已经成为日常生活中的一部分。需要注意的是，通过志愿服务开展的公众参与尽管范围越广越好，

但是志愿服务天然存在服务者与被服务者的分野，因而要求所有人既是服务者又是被服务者只是一种理想状态。在现实中，当志愿服务的参与情况已趋近饱和时，就应当侧重推动志愿服务活动提质增效。基层党组织在组织志愿服务活动时，应有针对性地组织志愿者，将志愿者的力量投放到需求最迫切的领域中，使志愿活动的参与者和被服务者都感受到强烈的获得感，增强参与者与被服务者对基层党组织的向心力、认同力与追随倾向，从而提升党的社会号召力。

为了进一步提出开展志愿活动、加强群众公共事业参与的对策，我们对影响群众参与志愿服务的因素进行了检验，分别以"受教育水平"和"政治身份"作为自变量，对"群众的公共事业参与"进行了单因素方差分析，统计结果如表 6 – 16、表 6 – 17 所示。

表 6 – 16　　受教育水平与志愿服务活动参与情况之间的关系

源	SS	df	MS	F	Prob > F
组间	44. 26	3	14. 75	23. 97	0. 0000
组中	4207. 06	6834	0. 62	—	—
总计	1844. 34	6837	0. 62	—	—

表 6 – 17　　政治身份与志愿服务活动参与情况之间的关系

源	SS	df	MS	F	Prob > F
组间	249. 83	2	124. 91	213. 36	0. 0000
组中	4001. 50	6835	0. 59	—	—
总计	4251. 32	6837	0. 62	—	—

表 6 – 16 呈现了受教育水平与志愿服务活动参与情况之间的关系，由于 *Bartlett* 球状检验显著性概率为 0. 05，不具有效度，因而不能认为受教育水平与志愿服务活动参与情况之间存

在着相关关系。这表明，在阳泉市，不论受教育水平如何，大部分群众都有着相对较高的志愿意识与公共事业参与的积极性。

表6-17反映的是政治身份与志愿服务活动参与情况之间的关系，统计结果显示，$Bartlett$球状检验显著性概率为0.00，效度较高，p值小于0.01，差异显著，因此可以认为政治身份与参与志愿服务活动的情况之间存在着相关关系，即政治身份影响了志愿服务活动参与的频次。这表明，在未来，开展志愿服务活动和发展公共事业参与时，阳泉市有必要重视志愿者的政治身份，引导党员、共青团员多参与、多奉献，鼓励群众参与，提升群众作为服务者和服务对象的双重获得感，在促进群众参与公共事业的过程中推进党的社会号召力建设。

（五）数据检验概括

作为中国国家治理体系和治理能力现代化的要求，推进党的组织力建设是政党中心治理模式下的必然要求。就基层治理而言，党的组织力建设是处理基层多组织、多结构、多关系的复杂治理状况的关键，即通过党组织内部和外部的组织力建设，将基层党组织置于基层治理的中心位置，以基层党组织的政治领导力保障基层政治方向正确，以基层党组织的思想引领力提升基层精神文明状况，以基层党组织的群众组织力实现基层群众积极团结，以基层党组织的社会号召力建设基层组织坚强堡垒。因此，在当前条件下，以党的组织力建设引领基层建设并解决基层目前存在的若干问题，这既是一个理论要求，也是一个现实要求。在我国，不同地区的治理具有明显的异质性，而在治理异质性的基础上保障治理同质性的关键就在于党组织。无论基层治理面对怎样的群体、基层治理应对怎样的问题、基层治理处于怎样的状态，党组织在逻辑和实践中均是基层治理同一性的核心。基于这一原因，探讨党的组织力建设状况，总结党的组织力建设经验，对于国家治理体系和治理能力现代化建设而言都具有普适性的意义，即党的组织力建设既是一个地方性过程，又是一个可复制的过程。由此，分析阳泉治理实践中的党的组织力建设，就同时具有实证研究的意义与政策扩散的意义。

基于阳泉市调查数据的检验既是对党的组织力建设客观政策的分析，也是对于基层群众关于组织力建设主观感知的分析。前文已经指出，党的组织力建设虽然是一个可辨识的过程，但却同样是一个完全不能被清晰区别于基层治理其他内容的独立过程。因此，以问卷形式考察阳泉市党的组织力建设实践，就必须全面关注基层治理状况，借助对基层治理不同侧面的理解，最终呈现出党的组织力建设全貌，并在此基础上对阳泉市治理状况进行分析和总结。即，对阳泉市基层治理状况的调查和分析，也就同时是对阳泉党的政治领导力、思想引领力、群众组织力和社会号召力的调查和分析。

在政治领导力方面，阳泉市整体建设了正气充盈、担当作为的基层党组织政治生态，为政治领导力建设奠定了良好的基调。群众普遍认同基层党组织一把手的个人能力和道德水平，使政治领导力的提升具有群众基础，也使党组织能够更有效地落实职能。群众对于党组织进一步推进为人民服务的期许，既是对政治领导力既有状况的反映，也是对政治领导力未来发展的指引。群众对基层治理效能具有较高的功能认同和情感认同，能够让高度的获得感实现对政治领导力建设的有效赋能。

在思想引领力方面，阳泉市在思想宣传和实践带动两方面共同发力，实现了党组织思想引领与党组织实践引领的良好结合。群众对于创新宣传形式的要求和对全心全意为人民服务的思想教育的要求，是必须关注的思想引领力建设着力点，也是在国家治理现代化建设的基础上亟待变革的关键点。群众普遍较高的政治信任水平是思想引领力建设相对成效较好的反映，群众明显的差序信任状况是思想引领力整体建设必须补齐的短板，而群众对党员和党组织及地方政府信任水平的同一性则为地方政府思想引领力建设提出了更紧迫的要求。

在群众组织力方面，阳泉市应当进一步加强协商民主对于群众组织力的赋能作用，以有序有效的政治参与提升治理效能，增强政府公信力并促进社会稳定。进一步完善意见反馈体系，提升意见反馈渠道的可及性和回应性，让党、政府和基层自治组织在群众监督下良好运行，是提升党的群众组织力的有效方案。维护群众权益，推动党组织成为群众利益表达和利益维护的中坚力量，能够让群众在党组织建设过程中直接感受到获得感，让党的群众组织力深入群众日常生活。在脱贫攻坚和乡村振兴中，党组织尤其需要积极推进群众组织力建设，让党组织在人民心中真正成为美好生活的建设者和为人民服务的实践者。

在社会号召力方面，阳泉市党组织在处理社会矛盾中发挥了积极作用，受到了社会广泛认同，使党组织以实践为基础提升了社会号召力。思想动员与资源动员在基层治理中的关系必须引起高度重视，而只有在思想动员中实现了有效的社会号召，党组织才能在基层治理中完成有效的资源动员。有效提升基层民主建设是群众对于社会号召力的关键期许，将全过程人民民主落到实处、让人民群众感受到党组织在践行全过程人民民主中所发挥的核心作用和积极影响，可以将党组织的社会号召力导入常态健康发展的轨道。推动志愿服务体系建设，以志愿服务促进社会团结和公共参与能力提升，是实现党的社会号召力高效建设必须关注的着力点。

由此，在基于调查数据的检验中，党的组织力建设的阳泉实践至少可以提供如下可供一般性参考的治理经验。第一，应当将政治领导力建设置于政治生态建设的基础上，以良好的政治生态提升党组织治理效能和党员干部政治意识，让群众在对良好政治生态的感知中提升对党的方针、路线、政策的支持。

第二，应当将思想引领力建设置于为人民服务的基础上，以全心全意为人民服务的思想带动党组织和党员干部的各项活动开展，使党组织的思想宣传与实践举措在群众认知中实现有效结合。第三，应当将群众组织力建设置于促进政治参与的基础上，让群众在有序的政治参与中表达利益、实现要求，让党组织在有序的政治参与中成为积极的引导者和重要的参与渠道，以全过程人民民主实现党对于群众的充分组织。第四，应当将社会号召力建设置于提供公共服务的基础上，使党组织成为获得感的重要来源，让人民群众在日常生活中感受到党组织的先进性和党组织建设的重要意义，以获得感的建设提升群众认同和动员能力。

七　政党中心治理模式：党的组织力建设的阳泉实践

阳泉以党的组织力建设为中心，致力于社会治理体系与治理能力的现代化，给我们的启示是多方面的。例如，以党的组织系统建设为重点的政治领导力建设，以资源整合为中心的群众组织力与社会动员能力的加强和提升，以道德价值与制度合一的思想引领力建设，等等。从阳泉的治理实践上看，党的组织力融入/嵌入在地方各级政权体系和经济社会文化系统的几乎所有领域，从而形成一种强大的政治优势、组织优势和制度优势，并转化为高质量、高水平的社会治理能力。

这一以政党为中心的治理模式对经济社会生活的支配力、影响力和塑造力，其实我们并不陌生，但却至今对此没有一个完整的、基于实证研究基础上构建的概念范畴和理论体系。阳泉的治理创新实践可以让我们从其丰富厚重的治理经验中提炼理论阐释，并试图解读出我们习而不察的现实政策含义，这也是我们撰写这个报告要达到的目标。

下面我们试图从阳泉个案中抽取出关于国家治理的理论价值与政策价值。理论价值指的是政党中心主义理论体系的建构问题，政策价值指的是如何把党的组织力嵌入/融入地方（基层）治理的创新实践中。同时，我们也尝试指出阳泉治理所面对的一些结构性、制度性问题以及秩序与稳定问题，这其中就包括如何把党的组织力带入党、国家（政府）、社会三者关系中，这涉及不同主体的治理关系，亦即以党的组织力为核心，不断完善和调适党与政府的关系、党与社会的关系以及政府与市场、政府与社会之间的关系等方面。当然，阳泉的治理实践还有许多需要不断完善和努力的地方，这也赋予了我们这项工作以重要意义。

（一）把"党的组织力"带入党、国家、社会三者关系范畴中

任何社会治理都需要面对的核心关系领域或者厘清的结构性问题，那就是国家与社会两者的关系问题。但在中国，这个问题表现为"党政关系"与"国家与社会关系"两对概念。与西方社会不同，国家与社会两者关系在中国社会则表现为党、国家（政府）、社会三者关系。换言之，中国治理需要明确这样一个核心问题：政党在国家与社会关系中的位置，这是思考中国社会治理的逻辑起点。

阳泉的治理实践有两个突出的结构性变化：一是国家权力全面进入乡村社会；二是以基层党组织为核心重组乡村权威关系。这两个变化的实质指向是重构社会。从国家视角看，这种变化揭示的是乡村社会（重新）被纳入国家权力管制体系当中；从社会视角看，这种变化是（重新）确立执政党在基层政治领域的领导核心作用以及在基层社会领域的组织核心作用。如此，阳泉治理实践特征在党、国家（政府）、社会关系上的理论意义或学理意义有如下几个方面。

第一，作为整体代表的政党嵌入于国家权力结构之中，与此同时又没有脱离于社会。也就是说，政党既在国家中也在社会中。这一事实带来了两层递进的变化：首先，作为公权力的国家概念在外延方面增添了新的要素；其次，国家公权力的概念变化传导到国家与社会关系分析范畴。这两重变化对于中国

政治研究具有非常重要的认识论意义。对政党位差及其后果和意义的思考，将有助于研究者理解和把握当代中国国家与社会关系的特殊性和复杂性。①

第二，在政党主导型国家体制中，党对国家的全面渗透是一个基本事实，但是这一事实本身并不构成在逻辑上和概念上将党归入国家范畴的理由；（因为）即使在全面渗透的背景下，党依然保持了自身在组织上、功能上的相对独立性。这种相对独立性生成了国家与社会关系中的一个重要维度，由此主张"将政党带进来"，将国家与社会关系二分法发展为政党、政府与社会关系三分法。原先国家与社会的单维关系扩展为三维关系，亦即政党与社会关系、政府与社会关系以及政党与政府关系。

第三，在比较政治学的脉络下，将国家与社会关系发展为一个具有三层结构的分析范畴。新的概念结构为我们思考国家与社会关系范畴的普遍性和特殊性提供了新的想象空间。西方意义上的国家（政府）与社会关系与政党主导型体制中的政党、政府与社会关系，都可以视为这一新建构的、具有普遍性的国家与社会关系范畴中的两个亚类型。这样的处理方式不但可以较好地平衡特殊性与普遍性之间的关系，也有助于中国学界和西方学术界的对话与沟通。

反观阳泉个案，其治理实践之所以卓有成效，在于阳泉在党、国家（政府）、社会的三维关系格局中，以党的组织体系建设为重点，使基层党组织得到加强，而党的组织体系能够真正地"运转起来"，则归因于"党的组织力"建设。阳泉的治理创新实践表明，国家与社会关系新的变化，即国家（党政）权力全面进入乡村社会，诸如国家（党政）权力通过资源下乡比如项目制和财政转移支付方式，实现了在乡村社会的权力下沉，同时作为资源

---

① 景跃进：《将政党带进来——国家与社会关系范畴的反思与重构》，《探索与争鸣》2019 年第 8 期。

下乡的组织构成部分，以基层党建（如农村党支部、"两新"组织党建）为核心重组乡村社会权威关系和社会利益组织化形式。并且这种新的变化可以被纳入社会治理现代化的一套国家话语体系当中，诸如"党建引领基层治理""新型农村集体经济""自治、德治、法治"或"共建、共治、共享"等治理话语，它揭示的是，国家视角下的公共权威与公民关系的重新调整，具有重构乡村社会的转折意义。换言之，政党主导型国家的基层社会治理以政党为中心，党的组织力之所以关键，是因为它在基层社会治理过程中有效地发挥了政党的政治领导和引领作用。也就是说，党的组织力在国家权力体系以及经济社会文化等各个领域发挥着决定性的影响力，如此才能实现"党领导一切"，亦即将整个社会纳入党的全面领导体制之下。

（二）把"党的组织力"引入政党中心主义理论体系中

不同于西方那种政党竞争的代议制模式，中国治理是以政党为中心的治理模式。历史地看，政党是社会治理的重要主体，但不同国家的制度设计使得政党在国家治理中角色区别开来，由此形成了两种不同的治理模式：一种是政党轮流执政的代议制模式；另一种是以政党为中心的治理模式。作为政党主导型国家，中国国家治理和社会治理是以政党为中心的治理模式。在这一治理模式中，基层社会是政党与社会的连接点。因此，如何通过政党引领实现基层社会的善治，是包括中国在内的多数政党主导型国家所面临的一个非常重要的共性问题。① 在今天，治理理论的发展诉求和治理实践要解决的问题相比之前都

---

① 梁海森、桑玉成：《政党中心的基层社会治理模式比较研究——基于新加坡、马来西亚和越南的案例分析》，《国际观察》2021 年第 3 期。

有明显变化，同时，治理一个现代化的国家，对治理能力和治理体系本身也提出了新要求，治理理念、治理目标和治理方式都要与之相适应，即治理现代化。但外源性的理论体系、核心概念、方法论及其现代治理理论（即源出于西方社会的知识体系）不能或无法理解和解释中国政治与中国治理体系和治理能力。

2016年5月17日，习近平总书记主持召开全国哲学社会科学工作座谈会，提出要建设中国自主性的哲学社会科学，并提出了"三大体系"——学科体系、学术体系、话语体系。2022年4月25日，习近平总书记在中国人民大学考察时，在座谈会上又讲到建设中国自主的知识体系的命题，认为没有自主的知识体系就谈不上所谓的三大体系——学术体系、学科体系、话语体系。

党的十八届三中全会首次提出"国家治理现代化"的目标，在党的十九届四中全会上，"国家治理现代化"是全会主题。从国内外看，"公共治理"是最近二十年迅速形成的学术热点，与以往的"公共管理"相比，"公共治理"意味着传统的以政府为主"管理"的公共事务，可以成为多方共同"治理"的公共事务。换言之，"治理"相对于"管理"来说，参与主体更多，要平衡的关系更多，要关注的实证问题更多，背后的知识体系跨界且复杂。

从公共管理到公共治理的转变，源于理念的转变，源于治理实践的进展。在这里，阳泉个案证明了如下理论判断：一方面，作为执政党，中国共产党居于国家机构的核心地位，而且政党组织事实上是作为国家机器的组成部分而运作。"党和政府在人员组织上是一体的，所以，体制内领导和体制外领导在许多方面是互通的。在这种领导方式下，党和政府关系具有很强的内在统一性，党是决策核心，政府是政策执行主体。党对国家领导所形成的党和国家的这种关系，决定了国家全面主导社会是在党对国家全面领导的基础上实现的。同时，党对国家的全面领导为国家主导社会提供了丰富的组织资源和体制资源，因为，在党全面领导国家的条件下，政府内的许多关系，如中央与地方关系、政府与社会团体关系，都同时具有党内组织关系的性质，而党内的组织关系是强调组织间的领导与服从关系的。"① 另一方面，党组织又具有自身的相对独立性，在政府系统之外存在着广大的党员以及渗透于整个社会的党的基层组织。党组织的这一特性，很大程度上决定了国家与社会范式的局限性。因为"在国家与社会关系中，作为中国社会领导核心的中国共产党具有决定性的作用。我们可以把党作为政治力量归结到国家的范畴，并由此来分析国家与社会关系，但是问题在于党作为一种组织力量，与社会有着密切的关系。这就意味着中国社会的权力关系与一般国家（包括西方国家）有很大差别。这种差别决定了我们不能像研究其他国家那样，直接用国家与社会的二分法来研究中国问题，要充分考虑到党作为一种特殊的政治力量在国家生活、社会生活以及国家与社会关系中的重要作用"。② 换言之，不能孤立地运用国家与社会关系范畴来分析当下的中国政治现实，而必须考虑政党的因素。由此，国家与社会二分法被政党、国家和社会三角关系所丰富。

公共治理是一门科学，需要理论与实践积累。近些年来，学术界一直在为提供这一新分析框架而做出知识和理论的积累。从中国国家治理的根本特点看，坚持和加强党的全面领导、坚持以人民为中心、坚持社会主义市场经济体制、坚持社会主义

---

① 林尚立：《集权与分权：党、国家与社会权力关系及其变化》，载陈明明主编《复旦政治学评论》第 1 辑，上海辞书出版社 2002 年版，第 167 页。

② 林尚立：《集权与分权：党、国家与社会权力关系及其变化》，载陈明明主编《复旦政治学评论》第 1 辑，上海辞书出版社 2002 年版，第 152—153 页。

民主法治制度等是基本原则和要求。要为中国特色的现代化建设提供更有效、更匹配的治理能力，这必然又是重大的学术理论课题。另外，治理一个现代化国家，对治理能力和治理体系本身也提出了新要求，治理理念、治理目标和治理方式都要与之相适应，即实现治理现代化。一种治理体制最重要的判断标准是看治理实效。从阳泉的治理创新实践上看，"党的组织力"是一个核心变量，换言之，把"党的组织力"引入政党中心主义治理理论体系中，不仅因为这个治理模式符合历史发展逻辑和制度变迁逻辑，还有一个更关键的特征，那就是，它的实践经验显示了更多关注制度的职能而非制度的形式的必要性。

（三）把"党的组织力"融入地方（基层）治理创新实践中

在这里，我们首先需要把阳泉的治理创新实践放在中国改革开放后所发生的经济社会结构巨变的大背景下来理解和阐释。之后，我们将对阳泉的治理模式——以党的组织力建设为中心的一种统合治理模式——做一个概括。

改革开放四十多年来，中国基层治理的经济社会基础发生了结构性的变化。从单位社会的利益组织化架构进入了公共社会的利益组织化架构，之前的社会治理体系——"行政单位"体制已解体，个体民众的生存和生活方式进入了异质化和多元化的社会结构形态当中。

从社会组织结构形式上看，国家或全民所有的社会组织在整个中国社会中所占的比重在迅速下降，在某些经济领域和行业中，国家或全民所有的经济组织已经变成一个很小的部分，取而代之的是私营的、合资的或股份制的经济组织形式。进入市场组织的人在不断增长，还在单位利益结构当中的人在不断地减少。这表明，基层社会治理的规则体系发生了改变，已经从单位社会的利益组织化关系进入公共社会的利益组织化关系当中。

从社会联系方式上看，过去联结人们权利、责任、义务这些因素的纽带，比如单位、村庄、家庭、宗族，已经发生了一个从身份关系到契约关系的变化。人际关系的契约化，构成现代生活各种社会关系中的最基本形式。基于自由合意基础上产生的契约关系正在形成新的共同体，亦即构成社会基本联系的是充满选择和变易的契约关系，结社关系组织化，成为现代经济生活必不可少的联系条件。

从国家与社会关系的变化上看，改革开放以来，社会领域出现了新的组织形式，产生了体制外整合或协调个体与个体或个体与国家关系的社团或个体协会。社会组织的发展有了体制外的成长空间，比如社会中的互助团体、市场中的商会、行业协会组织等各种社团组织，为国家与社会之间的结构性安排以及这种安排的制度化提供了基础条件，也就是说，社会自主化和自治化发展具备了有限的制度条件。

上述结构性变化是国家主导的"规划的变迁"。第一，国家改变了对基层社会的管理或治理方式，从政社合一体制到政社分离体制，体制性权力从村社收缩至乡镇一级，国家与基层社会的关系发生了变化。第二，基层社会组织形式发生了改变。在城市，单位体制外的社会成员大量进入市场领域，多元的、异质的社会空间不断扩大；在农村，实行基层群众自治组织形式，这是一种村民个体与集体土地产权相连的成员身份共同体，其自治更多地体现在经济生活意义上。第三，国家权力退出但村组制度性权力并没有得到加强却出现弱化的趋向。这主要是由于基层权力对乡村社会的实质性介入，或者说，改革开放以后的乡村社会秩序建构一直处于基层社会权威的重塑过程当中。

新时代，阳泉以党的组织力建设为中心，以党的组织体系建设为重点，通过制度改革和社会改革来改变自己与其他社会成分的治理关系，以适应变化了的社会结构和治理环境。这些实践探索可以归纳为如下方面：第一，政府管理导向的改革。包括：（1）结构性改革。确立政府依法行政并提高政府机关的效率，比如，加强基层管理，成立专门的机构解决专门的问题，推行政务公开，建设透明政府，简化审批，减少管制，提高效率。（2）功能性改革。建设服务型政府，改善公共服务体制。比如，强化公共服务，完善公共教育、医疗、社保、就业等方面的服务，扩大社会保障的范围，促进社会的公平正义，推动和谐社会建设，同时强化政府的应急处理能力。（3）程序性改革。规范执法行为；实行简政放权、政务信息公开；推进协商民主，完善社会协商机制以化解社会矛盾。比如，拓宽监督公共权力的渠道，加强对政府权力的有效监督，扩大公民有序参与的渠道，推进人民民主的发展等。第二，政府服务导向的改革。在关系民众日常生活的民政、公安、户籍、工商、税务等领域积极开展有效的便民服务。政府也投入大量经费，用于乡村道路、医疗卫生站、公共电视网等公共设施的改进，并大力推进村容村貌整治、文化下乡、特色小镇建设等工程。同时，实施扶贫政策，建立社会救助制度维护社会弱势群体的权益。第三，完善民间组织管理体制的改革。比如，让利益相关者共同参与，保证公共选择的有效性，增强政府与民间的互动性，将政府机制和社会机制有效地结合起来，实现社会各方共管共治，从而将大众利益充分组织化，通过连接个体民众与国家的社会组织，全体社会成员都置身于相互勾连的、制度化网络之中。

事实上，从阳泉的治理实践上看，它的重点集中在政府治理、社会治理和市场治理的多元共治的主体型构方面。

第一，塑造政府治理主体。（1）改变传统治理思维。当前公共性社会关系性质的变化，要求政府成为公共事务、公共财政的管理部门，提供公共产品和公共服务，并确保国家与公民之公共事务的制度化关系，其权威源于对公民权利的保障和公共秩序的法治关系维护。这个转变最终反映在公共权威与公民关系的现实政治利益联系上。（2）政府治理法治化。一是树立法治原则。两层意思：法治政府；民主政治。就法治政府建设而言，一方面公权力建立在人民主权原则上，另一方面政府要保障全体公民的权利。就民主政治而言，当前迫切的问题是扩大政治参与，没有政治参与，就没有公意的形成。二是公共参与的制度化。当前基层治理体制低效，一个重要的原因是，普通民众不能通过制度化正常渠道实现自己的利益表达，一定程度上被排除在了重要政治过程和政策过程之外。三是预算法治和财政民主。一方面，政府承担运用法律保障经济自由与激励的任务，通过新的权利分配保护经济自由，为高效、合法的交易提供安全保障。另一方面，政府财政为公共需要负责，赋予财政以民主的性质，保障民众的政治、经济、社会和文化方面的权利，让纳税人从政府享受到的公共利益大于其通过税收转移给政府的资源价值，这样才能使政府的公共性与基层公共性社会关系的建构内在地关联起来，并形成相互支撑的互惠关系。（3）确立政府与社会的法治关系。一方面，明确和限定政府的有限职能，即建立一种有限政府的权力结构，并依此来不断调整国家与非国家组织和团体的关系；另一方面，社会自治组织是公共秩序不可替代的利益组织化形式，它受法律、法规以及社会规范体系的限制和约束，它阻止公共权力直接地、最大限度地施加于每个个体社会成员之上。

第二，建构社会治理主体。一是主体社会建设。从单位社会进入公共社会，社会治理所面临的一个结构性问题，就是在个体与公共体制之间没有一个主体社会的存在，后者是一个介于国家和个人之间的领域，它由相对独立存在的各种各样的组织和团体所构成，这些组织和团体包括家庭组织、宗教团体、工会、商会、学会、学校团体、社区和村社组织、各种娱乐组织和俱乐部、各种联合会和互助协会等。社会组织的发展和壮大，能够在政府与个体公民之间确立一个沟通的公共场域，后者的功能就是代表个体与公共组织建立一种协商和共治关系。二是社会治理自治权利的法律保障。社会治理主要指的是社会对于社会事务的管理，强调社会组织和公民个体是公共管理的主体，其主要表现形式是社会自治。自治权利的法律保障关涉两个方面：一方面，社会自治遵循法治原则，以尊重和保护社会成员的基本权利为前提，没有公民个人的结社权，就没有社会组织的自治权；另一方面，公共权力为社会自治提供制度性的法律保障，即对社会自治活动确立人人适用的普遍法律规则。而且所有公共组织均具有有限但独立的自治地位，没有任何个人或群体作为最终的或全能的权威凌驾于法律之上。

第三，建构市场治理主体。市场自组织是形成市场秩序的基本因素，市场经济促成了平等自治的契约关系、法治原则、自治原则和民主发展进程。这包括两方面含义：一方面，市场主体形成联合形式，成为内生型的利益集团组织，在政府与个体之间起到沟通和协调作用，即防止政府公权力的不当干预行为；另一方面，也约束成员损害市场秩序和社会秩序的行为以及规范市场行为。从市场组织参与市场治理的角度来看，市场治理主体的型构需要推动市场组织的自治化，即市场利益共同体应该成为连接国家和社会两方的协调性经济组织，具有更多的自主性地位和社会权力，这意味着国家和社会两边的权力平衡发生了变化。

换个角度看，阳泉的治理实践或创新集中在政府与社会、政府与市场的权力关系领域当中。它要实现的是这样一个治理格局：政府机制（政府是主体）、市场机制（企业是主体）、社会机制（社团、社区、社工、社企是主体）三种机制的多元共治，这一种治理格局揭示了当前公共性社会关系性质的变化。也就是说，当前基层公共性社会关系性质的变化，已经具备了社会自己管理自己、多元主体治理等基础性条件。换言之，政府不再是制度来源的唯一主体，社会力量的崛起，为制度供给提供了新的来源；社区、社团、社企、社工等社会力量和组织形式的出现和壮大，为社会秩序提供了有效保障；社会资本对公共产品供给的介入，为社会发展和政治稳定激发出更多的经济活力与社会创造力。传统基层治理——政府是公共管理的主体而社会是公共管理的对象——已经难以应对变化了的公共性社会关系，这就需要对传统基层治理做出实质性变革，让基层政府的公共性扎根于基层社会基础当中，同时让社会力量得到充分的发展，使社会能够（也有能力）自己管理自己，形成一种现代公共领域和现代公共生活方式，使政府与社会确立在法治、民主、自治、共治的结构性关系上。

阳泉的创新实践成就，是以党的组织体系建设为重点，通过不断加强党的组织力来实现的。在这个意义上，可以把阳泉治理实践称为一种党政统合治理模式，比如借助"党委统筹的项目制""基层党组织体系扩展"和"党员骨干下沉"等机制重塑基层社会，并拓展复杂治理的能力。一方面，党政统合治理具有网络治理的基本要素，强调构建多元组织关系以及组织之间的协作。但另一方面，基层党组织在治理网络中发挥主导作用，其核心是作为政治生活主体的党组织融入治理过程，以基层党组织组织力的强化来统合基层社会。在党政统合治理模式下，基层党组织支持和培育社会组织的生长，也依托社会组织巩固和推动了其组织发展，强化了国家权力对社会新生空间的覆盖。但这种体制力量的扩展并不在于建立对社会的政治支配关系，而是通过内生化的体制能力激活社会自身的自我调节和运转能力。

党政统合体系这个概念是指行政体制内政党系统与行政系统分立但交互发生作用和影响的统合体系，前者是政治领导，后者是行政执行，行政体系发挥政治职能与行政职能的功能和作用。党政统合体系，是指通过政治渠道和行政渠道将社会各种利益要求和利益表达汇聚起来共同参与政治决策的过程，行政决策不再仅仅是少数决策者的行为结果，同时也是大众参与的结果。在这里，"大众参与"是指通过执政党来代表的政治含义，即党性与人民性的一致，利益表达功能由执政党来完成，执政党是"社会各种利益要求和利益表达汇聚起来"的代表。简单地讲，从党政统合体系的角度来认识阳泉治理实践，其解释力在于：执政党通过政党组织系统将其政治意图贯彻于各级行政治理体系当中，将党的实质性领导这一原则嵌入政府治理模式之中。

另外，中国治理结构是一个横向关系与纵向层级相互交织的立体化体系。这一体系既包括从中央到省、市（县）、镇（街道）及村（社区）的各个层级，也包括党委领导、政府负责、社会协同、公众参与的横向关系。这一立体化体系对治理产生两种影响：一方面，协同效应高度依赖于垂直各层级、横向各部门以及不同类型组织之间的整合、联结和协调，而条块分离的科层组织难以处理跨部门协调问题。既有的对科层组织及其管理者"元治理"角色的预设在立体化体系中某种程度上是失灵的。另一方面，党组织因其对科层组织的嵌入而在治理体系中占据结构性位置。现有部分研究关注到党在中国治理体系中的"元治理"角色，但多从宏观层面的政党政治、政治结构角度来论证党建引领的必要性和发展趋势（对于党建如何引领、引领何以有效则关注不多）；或者聚焦于微观层面的红色物业、区域化党建、网格化治理等社区党建实践，来呈现党建引领社区治理的具体策略并分析其困境和对策。由此，党组织在治理中的作用机制被等同为"党自身的建设"，而其回应复杂治理的机制及其隐含的组织逻辑则不同程度被忽略。

阳泉的治理创新实践表明，基层党组织能够通过内生性的组织力量激活社会，并以此增强体制回应复杂问题的韧性。党的十八大以来，党中央高度重视党建对社会治理工作的政治引领功能，提出了一系列重要论述。党建引领社会治理已成为中国之治的重大命题之一。但对于"为何需要党建引领""党建如何引领"这些关键命题依然缺乏足够的学理阐释。因此，阳泉的统合治理模式即党建引领社会治理的组织逻辑及其制度转型，它的首要意义并不在于以"党政分开"或"政社分开"构建分权、多中心的社会网络，也不仅在于以社会参与协助政府科学决策，而是在制度化协商基础上凝聚各主体政策共识，建立共同协作机制，并以此完成任务。同时，统合治理将社会纳入治理体系，并强调社会组织承担治理功能，这保证了社会秩序的总体稳定和社会活力的持续提高。

当前社会主要矛盾是人民日益增长的美好生活需要和不平衡不充分的发展之间的矛盾，也就是说，人民群众不仅对物质文化生活提出了更高要求，而且在民主、法治、公平、正义以及安全、环境等方面的要求也日益增长。为了解决这一社会主要矛盾，党的十九大报告提出要建立共建、共治、共享的社会治理格局，亦即整合社会各种资源、动员社会多个主体来共同参与国家社会公共事务的管理，形成社会治理人人有责、人人尽责的局面。

阳泉个案的现实政策意义在于：以党的组织力建设为中心推进地方（基层）治理现代化，就是要处理好政府与社会的关系以及市场与社会的关系。要弄清楚，哪些事务需要政府、市场和社会各自分担，哪些事务需要政府、市场和社会共同分担。在充分发挥政府宏观调控作用、市场决定性作用的同时，更好发挥社会力量的作用。换言之，共建、共治、共享的社会治理格局形塑，涉及治理主体、公共关系、公共规则和公共权威角色在基层社会的存在基础等方面，这既是中国基层治理改革和转型的背景和动力，也是中国基层治理实现转型的社会结构性基础条件。

附录1 高举伟大旗帜 勇蹚转型新路 奋力谱写全方位推进高质量发展阳泉篇章（摘录）[*]

过去五年工作回顾

市第十二次党代会以来的五年，是阳泉市转型发展进程中极不平凡的五年。五年来，我们坚持以习近平新时代中国特色社会主义思想为指导，在省委坚强领导下，全市上下攻坚克难，开拓进取，克服了经济下行巨大压力和新冠肺炎疫情不利影响，实现"十三五"规划圆满收官，与全国全省一道完成了全面建成小康社会的伟大使命，改革发展稳定和党的建设各项事业取得了新的进步。

——综合实力稳步提升。坚持"补考"与"争先"一起抓，推动经济由断崖式下滑到止步回升，再到稳步向好。五年来全市 GDP 年均增长 4.9%，规上工业增加值年均增长 4.4%，社会消费品零售总额年均增长 3.5%，进出口总额年均增 3.4%，2020 年主要经济指标在全省排位大幅前移，各项指标排名为近年来最好。

——转型发展成势入轨。新旧动能转换全面提速，产业结

＊ 注：本文为阳泉市第十三次党代会报告。

构持续优化，2020 年新兴产业工业增加值为 2015 年的 1.4 倍，年均增长 7.3%。新材料、新一代信息技术、新能源、新型现代服务业等产业增加值年均分别增长 12.8%、11.7%、16.7%、7%，转型发展呈现强劲态势。

——改革创新全面深化。能源革命综合改革扎实推进，国资国企改革取得历史性突破，开发区"一体两翼"布局全面完成，农村集体产权制度改革圆满完成国家整市试点任务，"放管服"改革全面深化。对外开放持续扩大，"阳泉—天津港—佛山"班列、阳泉至蒙古国达尔汗国际联运开通运行。国家创新型城市建设加快推进，各类双创平台质、量均处全省第一方阵。

——美丽山城面貌焕然一新。成功获批国家卫生城市，全市人民翘首以盼的阳大铁路、综合交通客运枢纽建成投用，漾泉大道一期、洪城北路等建成通车，国道 207、307、239、338 改线工程和龙华口调水工程等一批重大基础设施项目加快推进，"太行一号"旅游公路主线即将贯通，"四好农村路"实现村村通，城乡道路更加通达，人居环境持续改善，城乡融合发展迈出新步伐。

——三大攻坚战取得决定性胜利。脱贫攻坚圆满收官，贫困人口全面脱贫，贫困发生率由 4.39% 下降为 0。坚决打好蓝天、碧水、净土保卫战，2020 年 PM2.5 平均浓度降至 46μg/m³，水环境治理持续改善，受污染耕地和污染地块安全利用率达到 100%。成功化解阳泉城商行风险，三家农信社全部改制为农商行。

——民生社会事业显著进步。80% 以上财政支出用于民生投入。五年新增城镇就业 12.4 万人，城乡居民人均收入分别增加 8604 元和 5016 元。教育、卫生事业全面发展，打赢了新冠肺炎疫情防控阻击战。养老、医保、低保等补助资金逐年提标。棚户区改造完成 4.1 万套。亿元 GDP 生产安全事故死亡率全省最低，连续 135 个月杜绝了重特大事故。平安阳泉建设纵深推进，创成"全国禁毒示范城市"。

——文化软实力大幅提升。理论武装持续走深走实。社会主义核心价值观深入人心。省级文明城市创建成功。公共文化服务体系逐步完善。主流舆论巩固壮大，传播了阳泉故事，展现了阳泉形象。"中共创建第一城"品牌影响广泛，完成百团大战纪念馆改陈布展。圆满承办第二届全国青运会射箭比赛，全民健身活动蓬勃开展。娘子关景区升级为国家4A级旅游景区。

——民主法治建设深入推进。人大立法、监督、任命、决定等工作取得新成效。政协三大职能作用充分发挥。支持各民主党派、工商联和无党派人士工作，大统战工作格局更加完善。工青妇等群团组织改革深入推进。成功创建全国双拥模范城。法治阳泉建设深入推进，基层治理能力显著提升，建成全省首批法治政府建设示范市。

——党的建设得到切实加强。始终把党的建设摆在首位，层层落实管党治党政治责任。扎实开展"两学一做"学习教育、"不忘初心、牢记使命"主题教育和党史学习教育。圆满完成县乡领导班子换届，干部队伍结构素质进一步优化。基层党建全面提升。高质量完成政法队伍教育整顿。一体推进"三不"，持之以恒纠治"四风"，政治生态持续向好。

过去五年工作重要启示

回望走过的路，积累的经验弥足珍贵。我们深切感到，全方位推进高质量发展必须坚持五个第一：一是必须把讲政治作为第一要求，坚持以习近平新时代中国特色社会主义思想为指导，始终保持正确的政治方向。二是必须把发展作为第一要务，把转型作为一切工作的纲，奋力赶超。三是必须把改革创新作为第一动力，以大视野树立大格局，以改革破除体制机制束缚，在各大领域大胆创新。四是必须把增进民生福祉作为第一关切，切实为老百姓办实事办好事，不断巩固党的执政之基、力量之源。五是必须把全面从严治党作为第一责任，坚持从严要求，强化能者上庸者下的用人导向，营造风清气正的政治生态。

今后五年的指导思想

高举中国特色社会主义伟大旗帜，坚持以习近平新时代中国特色社会主义思想为指导，全面贯彻落实党的十九大和十九届二中、三中、四中、五中全会精神，深入贯彻落实习近平总书记视察山西重要讲话重要指示精神，进一步增强"四个意识"、坚定"四个自信"、做到"两个维护"，立足新发展阶段，完整准确全面贯彻新发展理念，抢抓构建新发展格局的历史机遇，以全方位推进高质量发展为中心任务，做到"四个坚持"，围绕"五大定位"，实施"十大战略"，在全面建设社会主义现代化新征程中开好局、起好步，奋力谱写全方位推进高质量发展阳泉篇章。

今后五年的总体思路和奋斗目标

今后五年，我们要坚持"14510"的总体思路和部署。"1"是以全方位推进高质量发展为中心任务，"4"是"四个坚持"，"5"是"五大定位"，"10"是"十大战略"。

实现"全方位推进高质量发展"中心任务，要做到"四个坚持"：

坚持以产业强市为本：我市产业发展有基础、有优势。未来五年，必须把产业作为强市之本，稳农业、强工业、扩容提质服务业，以产业振兴带动城市崛起。

坚持以开放活市为要：我市有得天独厚的区位优势，具备打造承东启西开放节点的基础。未来五年，必须树牢开放意识，积极融入国内国际"双循环"，以开放促改革、促发展、促创新，在高水平开放中推动高质量发展。

坚持以生态立市为基：未来五年，必须自觉践行"两山"理论，聚焦"双碳"目标，严控"两高"项目，加快构建绿色产业体系，把绿色作为发展底色，变生态优势为发展优势，变绿水青山为金山银山。

坚持以文化兴市为魂：阳泉的文化资源丰富、底蕴深厚，是最能打动人心的城市名片。未来五年，必须以高度的文化自觉和文化自信，擦亮红色文化、优秀传统文化等文化品牌，加快文化强市建设步伐，以文化之根熔铸城市发展之魂。

实现"全方位推进高质量发展"中心任务，要落实到"五大定位"上：

资源型城市绿色转型的先行示范：统筹落实"双碳"目标要求和能源革命综合改革试点任务，放大比较优势，推进工业赋能育新、数字经济优先发展、服务业扩容提质战略，打造现代绿色低碳产业承载区，为资源型地区加快构建现代产业体系提供示范。

融入京津冀协同发展的重要节点：充分发挥地缘优势、资源优势和功能互补优势，在全省率先建立跨省域协同发展示范区，打造交通、物流、生产配套、农产品供应、高技术人才交流服务、文旅康养等"六大节点"，主动融入京津冀和山西中部城市群。

城乡一体共同富裕的市域样板：聚焦共同富裕目标，做优中心城市，做强县域经济，推进乡村振兴，贯通体制机制，探索促进全域协同发展、城乡深度融合的有效路径，构建城乡一体、共同富裕的市域样板。

拱卫首都的生态走廊：坚持生态优先，加大环境保护和生态修复力度，积极倡导绿色生产生活方式，全面推进绿色发展，让天更蓝、山更绿、水更清、环境更优美，打造晋东生态功能核心区，拱卫首都生态安全。

红色引领的文化高地：立足我市文化资源优势，深入挖掘和宣传"中共创建第一城"内涵特质，用好历史文化、红色文化、工矿文化等资源，传承城市文脉，建设全国一流的红色教育基地，打造红色领航、独具特色的文化高地。实现"全方位推进高质量发展"中心任务，要实施"十大战略"：一是实施工业赋能育新战略，构建多业支撑、多链互补的绿色低碳产业新体系。二是实施数字经济优先发展战略，塑造弯道超车、换道领跑的新优势。三是实施服务业扩容提质战略，打造业态高端、消费升级的新支撑。四是实施创新引领战略，培育潜力激发、活力涌流的新生态。五是实施营商环境首位战略，营造改革牵引、服务一流的发展新环境。六是实施开放格局重塑战略，拓展优势互补、合作共赢的新空间。七是实施全域协调战略，探索城乡一体、共同富裕的新路径。八是实施生态筑基战略，建设山清水秀、绿色发展的新典范。九是实施红色领航战略，铸就文化特质鲜明的新高地。十是实施民生提质战略，绘就幸福安定、自信自豪的新画卷。

实施"十大战略"，推动高质量发展实现新跨越

（一）实施工业赋能育新战略，构建多业支撑、多链互补的绿色低碳产业新体系

一要推动新材料产业延链强链。坚持绿色化、低碳化、精细化、集约化方向，加快打造五大新材料产业链。新能源电池产业链，以锂离子电池、钠离子电池产业为重点，推动六氟磷酸锂项目尽快落地建设，有序扩大以贝特瑞为龙头的负极材料产能，延伸隔膜、电解液添加剂等关联产业，吸引动力电池和储能电池整装项目落户阳泉。新型有色金属产业链，延伸"电解铝—高端铝材—铝制品精深加工"产业链，谋划布局高强高

韧铝合金、泡沫铝等项目，推动铝产业由传统建材向高端工业型材转变。新型碳基产业链，加快发展可降解材料、石墨烯、碳纤维、特种聚酯纤维等碳基新材料，对龙头企业招大引强，尽快形成集群集聚。绿色建材产业链，壮大以煤矸石、粉煤灰、脱硫石膏等工业固废为基材的新型建材产业链；加快建立气凝胶标准体系，推动气凝胶涂料、自保温墙体实现规模化应用。新型半导体产业链，围绕上游蓝宝石产能，打造蓝宝石晶棒、蓝宝石基片后加工、LED发光组件产业链，拓展消费电子、仪器仪表、光学镜片应用领域，形成蓝宝石加工产业链。

二要推动新能源全产业链跃升。以深化能源革命综合改革试点为抓手，落实省委能耗双控任务，在加快现有耗能行业改造升级的同时，推动新能源产业上下游深度融合、向价值链高端攀升。打造清洁能源供应基地，推动现役燃煤机组节能改造，坚决淘汰没有改造潜力、能耗严重超标的产能，大力发展光伏、风电、煤层气、生物质能等清洁能源和可再生能源。推进上下游联动发展，坚持以资源换项目、市场换项目，推动上游光伏、风电等装机规模与下游装备制造项目等有机结合，打造新能源全产业链发展标杆。开展"新能源＋储能"示范，打造"新能源＋储能＋局域智能电网"的源网荷储模式，加快推动盂县抽水蓄能项目建设，结合增量配电网试点，在阳泉高新区试点布局建设"绿电"园区，打造项目招引的"低碳"洼地。

三要推动传统产业赋能升级。传统产业和新兴产业之间没有天然的鸿沟，要通过智能化、绿色化、高端化、品牌化赋能传统产业。煤炭产业，要加快建设5G智能矿山，推广绿色开采技术应用，打造全国智能绿色矿山示范城市。装备制造业，要以煤机装备、泵阀等通用装备为重点，加快智造车间、智能工厂建设步伐，推动重点企业发展专业化服务，实现由加工组装为主向"智能制造＋服务"转型。耐材产业，要加快重组步伐，持续提升产品质量和高端产品供给能力，重塑"中国耐材基地"

优势。陶瓷产业，要突出高技术含量、鲜明地域特色，提高产品档次和附加值，打造一批知名品牌。

（二）实施数字经济优先发展战略，塑造弯道超车、换道领跑的新优势

一是加快"数字基建"。紧抓国家支持新基建的机遇，推动5G网络建成区全域覆盖。用好省一体化大数据中心协同创新体系城市级枢纽节点政策，确保百度云计算（阳泉）中心二期年底投运，积极推进绿电数据中心、工业互联网等平台建设，打造全省数据中心集聚区，争取纳入全国一体化大数据中心协同创新体系。加快路侧感知、路侧通信等车路协同基础设施建设。

二是打造"智车之城"。以车城网示范项目为牵引，强化与百度、新石器等头部企业深度对接合作，加快推动全域自动驾驶出行服务、自动驾驶商业化运营、自动驾驶数据中心等项目落地。加快出台智能网联汽车产业发展办法，打造全国首个全域测试的样板城市。谋划建设自动驾驶测试场，举办高级别无人驾驶大赛，参与自动驾驶行业标准制订，孵化一批软硬件生产和服务企业，让无人驾驶、"智车之城"成为阳泉新名片。

三是拓展"应用场景"。用好智能物联网应用基地、省级新型智慧城市试点等政策，加快建设"城市大脑"，统筹推进政务协同一体化平台、一网共治，推进智慧应急、智慧交通、智慧环保、智慧医疗、智慧教育等应用场景见效，加快治理数字化，让群众感知度、便利度更加显著。推进数据共享，加快数字产业化，打造大数据、信创、智能制造、服务业数字化等为核心的数字经济产业集群。

四是涵养"数字生态"。加强顶层设计，在融资、税收、人才引进等方面优化数字经济政策供给。做优中电数字产业园、智创城7号等平台载体，吸引一批数字经济企业入驻，形成集聚发展。提高网络安全防范和数据安全监管水平，完善数据产权保护机制，打造包容、开放、安全的数字生态环境。发展数字经济是我市未来五年的重中之重，要适时举办全国性"数字经济创新发展大会"，全面展示我市数字经济发展成果，交流发展经验，吸引更多企业落地，抢占数字产业发展先机。

（三）实施服务业扩容提质战略，打造业态高端、消费升级的新支撑

一要明确服务业发展方向。大力发展平台经济，加快推动与华远陆港合作成果落地，推动网络货运、大宗商品交易、跨境电商、农村电商等项目落地运营。比照山西转型综改示范区，抓紧完善相关激励政策，促进平台经济健康发展。大力发展现代物流，谋划开通天津港货运专线，建设面向京津冀、辐射西部地区的物流集散中心。把握省农村物流创新模式试点机遇，构建农村三级物流体系。拓展平定双业融合示范项目经验，加快发展"物流＋制造"新业态。大力发展文化旅游业，围绕创建国家全域旅游示范区，以太行、长城两大板块为引领，按照"一核一廊三区"布局，做优太行山水游、古村大院特色游、长城国家文化公园游、红色教育研学游，推出春季登山踏青、夏季避暑度假、秋季采摘游玩、冬季温泉养生四季特色旅游产品，打造多条精品旅游线路，形成全域全时文旅新格局。大力发展康养产业，培育健康药食、运动健身、休闲养老、健康管理等康养产业，打造具有特色的中国康养城市。培育新兴体育消费热点，增强射击射箭馆等大型体育场馆复合经营能力，打造多元化体育产业承载区。

二要重点实施"5510"工程。打造五大生产性服务业集聚区。创建以中电数字产业园为重点的数字经济服务集聚区、以智创城7号为重点的科技服务集聚区、以中天环保产业园为重点的节能环保治理服务集聚区、以"阳泉记忆·1947文化园"为重点的文化创意集聚区和以公铁联运为重点的现代物流集聚

区，加快形成产业特色突出、集聚效应明显的服务业发展新格局。建设五大公共服务标杆工程。加快建设市中心医院、职教中心、体育休闲健身中心、文化艺术中心、时尚会展中心等"五大中心"，打造代表服务业形象的新地标。推进十大消费升级重点项目。每年谋划培育促进消费升级的十大重点项目，持续滚动推进，带动服务业快速发展。

未来五年，要通过实施工业赋能育新、数字经济优先发展、服务业扩容提质战略，加快形成以新材料、新一代信息技术、新能源、新型现代服务业为主体，多领域产业协同发展的"4+N"现代产业体系，走出一条多产业协同、多业态融合、多链条互补的产业转型新路。推进产业转型，项目是第一支撑。要提升"谋"的水平，瞄准国家产业政策导向和资金投向，提升谋划项目的"含新度""含金度""含绿度"。要创新"引"的方式，实施产业链招商、以商招商、园区招商，增强招商引资的工作实效。要加快"落"的速度，创新项目推进管理机制，建立项目跟进时间表、路线图，强化调度指挥。要强化"服"的能力，做实土地、能耗、资金、排放、审批"五个跟着走"，对项目实施全周期服务，确保项目快开工、快建设、快投产。

（四）实施创新引领战略，培育潜力激发、活力涌流的新生态

一是实施创新主体培育工程。要完善"创业苗圃＋众创空间＋孵化器＋加速器＋产业园"全链条孵化育成体系，推进高新技术企业"倍增计划"，扶持中小企业"专精特新"发展，引育一批集成创新能力强、核心竞争优势明显的高科技领军企业，打造"晋东智创高地"，在全省战略科技力量中确立阳泉地位。

二是实施创新创业升级工程。要加快推进阳泉高新区国家级园区申报工作，引深"三化三制"改革，在市场化招引项目和人才上，力争成为全省样板。要用好中电数字产业园、中关村软件园、清研阳泉等创新平台和运营团队，提速推进创新资源集聚和创新成果转化。要提升"一城、一院、多中心（室）"平台能级，围绕"4+N"产业体系，推动产业链与创新链融合发展。

三是实施创新人才引育工程。要持续优化政策供给，用好人才政策"20条"，强化集成配套，积极探索"人才集团"新模式，更多用市场化办法解决人才流转问题，提供全链条人才服务。要借势省校合作基地建设，加大柔性引才引智和育才用才力度，与国内知名院校、科研院所合作，设立联合实验室、产学研基地等引智载体，形成"经科教联动、产学研结合、校所企共赢"的模式。要解决好人才后顾之忧，让人才放开手脚、各展其才，实现以一流人才涵养一流动能。

四是实施创新文化提升工程。要弘扬"鼓励创新"的文化，落实好研发费用加计扣除、"首台、首批、首次"保险补偿等激励政策。要探索建立科研项目"揭榜挂帅"制度，给予创新人才更大自主决定权和经费使用权。要定期召开全市创新发展大会，重奖贡献突出的单位和个人，让创新在阳泉蔚然成风。

（五）实施营商环境首位战略，营造改革牵引、服务一流的发展新环境

一是全力推进"放管服"改革。要主动公布"权力清单、责任清单"，建立"马上办、网上办、就近办、一次办"审批服务事项清单，完善行政权力清单动态管理机制，实现权责事项"清单化"。要实行"一支团队、一个专员、一管到底"全代办式服务，推进"1110"改革、"证照分离""容缺受理"等改革，开通重点工程、重大项目审批"绿色通道"，实现审批流程"简便化"。要持续深化"五减一优"，加快推进政务服务平台升级，打造标准统一、渠道畅通、高效运转的审批服务新模式，实现办事服务"标准化"。要健全监管规则，完善事中事后监管，积极探索新业态新模式包容审慎监管，用好"13710"信息化督办制度，健全政企联络常态化机制，实现监督管理"制度化"。通过这些改革举措，进一步"放"出活力、"管"出公平、"服"出便利。

二是强力推进开发区改革创新。要在体制理顺上深化拓展。进一步理顺开发区与属地体制机制，充分调动两个积极性。拓展开发区范围，力争将矿区产业集聚区纳入高新区，争取再设立一个经开区，形成一个国家级高新区引领、三个省级经开区支撑的开发区体系。要在先行先试上提速提质。发扬"敢试、敢用、敢为"精神，将"标准地"改革范围从工业用地扩大至生产性服务业，积极审慎开展核准类项目承诺制试点，强化投资项目建设领办代办制度，深入打造"标准地 + 承诺制 + 全代办"阳泉模式。要在赋能赋权上提档提能。鼓励开发区复制推广自贸区成功经验，推行"一个大厅管服务、一网通办管效能、一枚印章管审批、一支队伍管执法"模式。要在招商引资上提标提效。创新招商举措，推动开发区招商引资向更大规模、更高层次、更广领域发展。要在园区产出上提量提级。加强对已投产项目精准服务，积极推动新建项目尽快达产达效，提高经济总量和单位面积产出强度。持续开展"三个一批"等活动，推动形成"招引项目质量更优、签约落地进程更畅、工程建设速度更快、企业满意程度更高"的发展氛围。

三是扶持民营经济发展。要实施市场主体特别是"四上企业"倍增计划，增加民营经济总量，提升其在 GDP 中的占比。要鼓励民营企业做大实业、做优主业、做强产业，建立企业梯级培育库，支持民营市场主体"个转企""小升规""规转股""股上市"。要支持民营企业加快转型升级，实施一批技改升级、提产扩能、先导示范项目，实现企业绿色低碳转型。优化营商环境，市场主体感受是第一标准。要推动支持民营经济发展

"30 条""23 条"等政策措施精准落地，支持民营企业参与全市重大转型项目和基础设施建设项目，鼓励民营企业参与国有、集体企业重组和经营性事业单位改制。要建立"亲清"政商关系，持续开展"五清行动"，认真落实服务"民营企业直通车"制度，完善市四大班子领导帮扶联系民营企业制度，真正把企业家当成自家人，把企业的事当成自家事，助力企业做大做强。

四是深化国资国企改革。持续深化"双阳战略"，一如既往支持华阳集团转型发展，持续深化市县国企改革。做实做强融盛集团和国资运营公司，盘活存量国有资本，实现国有资本保值增值，为重大项目、重大事项提供强有力支撑。同时，要提升改革系统性、整体性、协同性，统筹抓好教育、医疗卫生、农业农村等重点领域改革，全力优化发展环境。

（六）实施开放格局重塑战略，拓展优势互补、合作共赢的新空间

一是聚力打造"六大节点"，深度融入京津冀协同发展。要积极谋划石太第三通道，争取"太原—雄安"高速过境我市，加快推动阳大铁路直达太原、北京，打造联通京津冀的重要交通节点。要抓好京藏走廊通过我市的重大机遇，优化提升运输结构和能级，打造京津冀向中西部地区辐射的重要物流节点。要建立跨省域产业协同发展合作区，强化数字经济、新材料、新能源等产业链供应链的对接协调，打造服务京津冀产业的生产配套节点。要发挥我市土壤富硒优势，发展特色精品农业，打造保障京津冀绿色优质农产品的供应节点。要依托智创城 7 号等平台，探索建立人才服务平台，打造高技术人才交流服务节点。要依托我市气候、区位、饮食、文旅优势，发展"药医养健游"产业链，打造高品质文旅康养节点。

二是聚焦联通"太—阳—石"经济轴带，有效促进中部城市群联动发展。拓展联动区域，发挥好我市在石太经济走廊中的重要枢纽作用，连接山西中部城市群与冀中南城市群，形成产业互补、要素互融、成果共享的联动区域。打造城际快线，加快推进太原—阳泉—石家庄跨省城际铁路前期工作，实现太原至阳泉、阳泉至石家庄"半小时通达"和"零换乘"。促进产业互补，强化与山西转型综改示范区合作，推进产业协同，谋划打造"盂县通用航空基地＋忻州云中河房车营地＋太原潇河新城"的高端消费三角集聚区。

三是聚能建设大进大出"陆港型"大通道，发展开放型枢纽经济。加快阳涉铁路电气化改造，推动阳大与雄忻、太焦、邯长、和邢等铁路互联互通，打通东向出海口。支持有条件的开发区建设国际合作园区，打造高层次开放型经济平台。面向天津港、黄骅港发展多式联运、物流分拨等业务，加快申建综合保税物流中心（B型）。

四是聚合开放领域，构建全方位多层次立体化合作空间。强化与"一带一路"、粤港澳大湾区、长江经济带、长三角一体化发展等重大战略衔接。深化产业合作，探索与沿海省、市共建加工贸易产业园区，加大对长三角、粤港澳大湾区等地区产业承接力度。扩大经贸合作，常态化运行阳泉至蒙古国达尔汗国际铁路联运班列，支持我市优势特色产品打入"一带一路"沿线国家市场。

（七）实施全域协调战略，探索城乡一体、共同富裕的新路径

一是做优中心城市。要拓展城市空间。以全域空间一体化布局为立足点，以南北向城镇为发展主轴，打造环城生态绿环，提升"阳—平"主中心和盂县副中心能级，强化盂县、平定与主城一体化发展，进一步构建一体化路网和重大基础设施，拉大城市框架，形成合理空间布局。要完善城市功能。积极推进交通强国试点建设，加快国道239，国道207、307、国道338改

线及中环快速路等工程建设，谋划启动城市轨道交通项目、国省干线公路全域通达工程。加强教育、医疗、文化、体育、休闲等功能性设施建设，进一步完善水、气、电等公共服务配套工程。要提升城市品位。开展城市更新行动，推进城中村和老旧小区改造，加强对老建筑、老街区的修缮保护利用，打造重点片区，留住阳泉记忆，唤醒老城味道。加快新城建设，布局建设"五大中心"，高标准建设一批地标性城市建筑，让新城有颜值有气质有品质。要强化城市管理。以数字化推动城市管理精细化和智慧化，加快治理城市内涝、"停车难"和交通拥堵等顽疾，提升治理现代化水平。

二是做强县域经济。提升县城品质，以创建国家卫生县城为抓手，加快推进县城更新改造、公共服务配套、基础设施完善、宜居环境打造等行动，全面提升县城城市化水平。实施特色产业强县工程，各县区要明确主导产业，开展补链、强链、延链行动，引进和培育龙头企业，推动产业链、供应链、价值链优化重组，形成错位发展的特色支柱产业集群。郊区河底、盂县南娄等城市周边卫星乡镇，要积极开展扩权强镇、特色小镇建设，不断提升乡镇综合承载能力和辐射带动能力。推动公共服务和基础设施向近郊村镇延伸，推进城乡道路客运一体化发展，在县乡村合理布局冷链物流设施、配送投递设施和农贸市场网络。支持平定、盂县和郊区开展城乡基础设施项目整体打包一体化建设试点，促进县城城乡接合部实现社区化发展。

三是推进乡村振兴。要以壮大集体经济为支点撬动乡村振兴，做好农村集体产权制度改革"后半篇文章"，有效盘活资源资产，探索资源利用、服务创收、旅游带动、股份合作等农村集体经济发展新模式，推动村级集体经济加快发展。要培育"特优精"农业产业，深化农业供给侧结构性改革，建设高产优质高效粮食、休闲康养一体化、特色农业、功能食品产业等八大农业集聚区，强化"三品一标"认证，发展农产品精深加工，打响阳泉压饼、富硒小米、半沟红薯、西南舁苹果等区域公共品牌。要强化统筹协调，以产业振兴为牵引，协同推进人才、生态、文化、组织全面振兴。特别是全面实施乡村建设行动，有序改造提升一批人口集聚、产业集聚的中心村。

四是贯通体制机制。完善农村承包地"三权分置"制度，稳慎开展农村宅基地改革，加快建立城乡统一的建设用地市场。建立城乡人口、金融要素双向自由流动的体制机制，推进农业转移人口市民化、城乡要素配置合理化、城乡基本公共服务均等化、城乡基础设施建管一体化，形成城乡互补、共同繁荣的新局面。同时，持续落实"两不愁三保障"政策支持和易地扶贫搬迁后续扶持，健全防止返贫动态监测和帮扶机制，做好脱贫攻坚与乡村振兴的衔接，确保在共同富裕的道路上一个也不掉队。

（八）实施生态筑基战略，建设山清水秀、绿色发展的新典范

一要推进环境治理，破解"生态难题"。以恒久之心坚决打好"蓝天碧水净土"保卫战。要让蓝天常在，坚持源头治理、深度治理、系统治理，夏季攻坚与秋冬防统筹发力，切实解决好"心肺之患"。要让碧水长流，坚持饮用水源、黑臭水体、工业废水、城镇污水、农村排水"五水同治"，常态化开展清河专项行动和入河排污口排查，持续抓好地下水超采综合治理和老窑水治理，让碧波荡漾、水清岸绿美景常在。要让厚土永固，强化建设用地土壤污染风险防控和农用地安全利用，严防土壤污染事故发生，推动土壤资源永续利用。

二要加强修复保护，涵养"生态资源"。要坚持保护优先、自然恢复为主，加快推动产业、能源、交通、用地等结构调整，推动"三线一单"精准落地。要聚焦"两河四山一泉域"，一体推进山水林田湖草系统治理。要全面保护重点林区天然林资

源，高质量开展国土绿化行动，实施矿山生态修复工程。要以涵养水源和自然保护地建设为重点，加强水源地及水源涵养区等生态功能区建设，全面提升水环境质量，绘好阳泉"山水田园画"。

三要形成绿色生产生活方式，发展"生态经济"。要变生态优势为发展优势，以"互联网＋生态"赋能观光农业、文化旅游等产业，激活绿色消费、体验消费等新热点，发展直播带货、"产地直购"等新业态，让沉睡的绿水青山变成家门口的"绿色银行"。要高起点发展静脉产业，建设循环经济产业园，积极推进再生资源规模化利用，推动报废汽车拆解、废旧家电拆解等再制造产业发展。要推进城乡绿化、绿色建筑、环保和清洁能源等绿色基础设施建设。要开展绿色生活创建活动，鼓励绿色出行，提高公交出行分担率，争创国家级公交都市。

（九）实施红色领航战略，铸就文化特质鲜明的新高地

一要以理论武装铸魂。坚持以学习宣传贯彻习近平新时代中国特色社会主义思想为首要任务，进一步在学懂弄通做实上下功夫，做到学思悟贯通，知信行统一。认真落实意识形态工作责任制，建设具有强大凝聚力和引领力的社会主义意识形态。弘扬社会主义核心价值观，以创建国家文明城市为抓手，推动"五大创建"向纵深发展。加快新时代文明实践站所向街道、社区延伸，力争实现全覆盖。

二要以红色文化聚力。"中共创建第一城"是我市最鲜明的城市品牌，要"讲清楚、塑起来、传开来"，实施保护开发拓展工程，挖掘整合《人民日报》造纸厂旧址、煤铁行小学旧址等红色资源，集中打造老城区红色旅游片区。用好百团大战纪念馆、七亘等红色教育基地，打造全国党员干部锤炼党性的重要阵地。

三要以新闻宣传塑形。加强主流媒体建设，打造新闻品牌

栏目，服务中心工作和重点工作，提升阳泉知名度和美誉度。推动媒体深度融合发展，构建网上网下一体联动的主流舆论格局，拓展覆盖面和影响力。强化网络舆情引导，构建和谐有序的舆论环境。

四要以品质文化惠民。健全现代公共文化服务体系，加快市、县重点场馆等标志性文化设施建设，实施公共文化数字工程。培育市场主体，发展文化产业。繁荣文艺创作，推出一批具有时代高度、精神厚度、生活广度的文艺作品。稳步推进文化体制改革，深入开展文化惠民工程。梳理城市文脉，实施优秀传统文化传承工程，推进长城国家文化公园建设。加强文物和历史文化名镇名村等保护利用，做好传统戏曲、非遗项目和传统工艺保护开发。

（十）实施民生提质战略，绘就幸福安定、自信自豪的新画卷

让人人都有出彩机会。要深入实施优质教育重塑工程，深化教育领域人事、薪酬、管理改革，健全激励奖励机制，打造"名师名校名校长"；促进教育优质均衡发展，努力办好群众家门口的每一所学校；推动职业教育产教融合、高等教育内涵式发展。要实施全民技能提升工程，完善城乡统一的公共就业创业服务体系，突出抓好高校毕业生、农民工、退役军人等重点群体就业，实现就业质量和收入水平"双提升"。

让人人感受城市温暖。要健全覆盖全民、统筹城乡、公平统一、可持续的多层次社会保障体系，加大对特殊群体、弱势群体帮扶力度，稳步提高城乡低保、社会救助、抚恤优待等标准，实现病有所医、老有所养、弱有所扶。要全面推进健康阳泉建设，抓细抓实常态化疫情防控，推动"三医联动""三特兴医"等改革提质增效，打造晋东区域医疗中心。

让人人共享平安成果。牢固树立总体国家安全观，坚决打好防范化解重大风险攻坚战，守住不发生系统性、区域性风险底线。严格落实安全生产责任制，持续开展煤矿、非煤矿山、危化品、交通、消防、防汛、地质灾害、食品药品等重点行业领域专项整治，严防事故发生。完善应急管理体系，加快推进公共消防基础建设，不断提高防灾减灾抗灾救灾能力。用好婚姻家庭矛盾纠纷"五色"分级预警处置等经验，完善社会矛盾综合治理机制。落实扫黑除恶常态化机制，依法严厉打击各类违法犯罪活动，建设更高水平的平安阳泉。

让人人都以阳泉为荣。要让阳泉人民充分认识到阳泉的山水之美、文化之美、精神之美，只有认识到自身的美才能有自信心、自尊心，才能有奋进的蓬勃动力。要深入开展"我与阳泉共奋斗、同成长"活动，增强每一位阳泉人的自豪感、归属感、荣誉感，形成人人爱家乡建家乡的共建共享氛围。要持续深化"贴心行动"，关注关爱阳泉籍在外人士、在阳泉工作的外地人士，增强大家作为阳泉人的主人翁意识。要广纳群言、广集众智，做到发展由人民参与、城市由人民共建、成果由人民共享，激励每一位阳泉人把个人出彩、人生精彩融入阳泉发展大局，真正让这座城市充满生机与活力。

加强民主法治建设，凝聚全方位推进高质量发展新合力

一要发展全过程人民民主。支持和保证人大及其常委会依法履行职权，加强对"一府一委两院"的监督，更好发挥人大职能作用。发挥政协组织优势，健全完善多渠道、多层次、制度化、规范化的协商民主体系，纵深推进基层协商民主建设，更好凝聚社会共识。

二要巩固和发展最广泛的爱国统一战线。支持民主党派、工商联和无党派人士发挥作用，积极做好民族宗教、对台、侨

务等工作，加强党外代表人士队伍建设，不断巩固和发展大团结大联合局面。支持工会、共青团、妇联等群团组织开展工作。加强党管武装工作，支持国防和军队建设，推动军民融合发展，加强国防动员及民兵预备役建设。

三要扎实推进全面依法治市工作。推进科学立法、严格执法、公正司法、全民守法，推动法治建设纵深发展。探索"小切口"立法、精准立法，围绕环境保护、城乡建设与管理、历史文化保护等领域制定出台一批地方性法规条例，以良法促发展、保善治。进一步完善党委依法决策机制，坚持依法治市、依法执政、依法行政共同推进，做到法无授权不可为、法定职责必须为，让权力在阳光下运行。严格落实防止干预司法"三个规定"，牢牢守住公正司法底线。实施"八五"普法，增强全民法治观念，形成办事依法、遇事找法、解决问题用法、化解矛盾靠法的良好法治环境。

全面推进党的建设新的伟大工程，为全方位推进高质量发展提供根本保证

一要把政治建设摆在首位。持续引深学习习近平新时代中国特色社会主义思想，教育引导广大党员干部增强"四个意识"、坚定"四个自信"、做到"两个维护"，不断提高政治判断力、政治领悟力、政治执行力。深化党史学习教育，赓续红色血脉，做到学史明理、学史增信、学史崇德、学史力行。要严守党的政治纪律和政治规矩，做到党中央提倡的坚决响应、党中央决定的坚决执行、党中央禁止的坚决不做，不折不扣贯彻落实省委决策部署，统一意志、统一行动，步调一致向前进。认真落实民主集中制，严格执行《准则》《条例》，增强党内政治生活的政治性、时代性、原则性、战斗性。

二要建设高素质专业化干部队伍。要坚持以实绩论英雄、

凭实绩用干部、用实绩兑奖惩，健全"选、育、管、用"全链条机制，锻造一支有信念、有能力、有品格的干部队伍。要树立政治强、能力强、担当强、品格好、业绩好的"三强两好"选人用人标准，树牢能者上、庸者下的选人用人导向，建立科学有效的考核评价体系，激发干部干事创业的积极性。要扩大视野，加大优秀年轻干部培养力度，进一步完善干部交流制度。要为担当负责的干部撑腰做主，建立科学有效的容错机制。同时，要坚持党管人才，统筹推进各类人才队伍建设，为转型发展提供支撑。

三要建强基层组织战斗堡垒。基层组织是党全部工作和战斗力的基础，以强基层组织、强基础工作、强基本能力的"三强"建设为抓手，全面提高基层党组织的凝聚力战斗力。要统筹推进农村、社区、机关、学校、国企等领域党组织建设，全域推进"党建引领，三治融合"村（社）治理新体系。要选优配强村（社）"两委"班子特别是"带头人"，扎实做好村（社）"两委"换届工作，打造一支德才兼备、战斗力强的基层干部队伍。要推动党建与发展深度融合，开展党群服务中心提档升级行动，推动各领域基层组织全面进步全面过硬。

四要巩固风清气正的政治生态。各级党委（党组）要认真履行全面从严治党主体责任，坚持严字当头、全面从严、一严到底。要把政治监督落实到全领域全过程，既要抓长和常，又要精准"点穴"。要从严落实中央八项规定精神，驰而不息纠治"四风"，特别在重点时段紧盯重点人群，真正形成震慑。要持续保持反腐败高压态势，一体推进不敢腐、不能腐、不想腐。要一手抓案件查办，一手抓制度建设，做到两手抓两手硬。扎实做好市委巡察工作，上下联动，用好巡察成果。各级各部门主要负责同志要发挥模范带头作用，以自身清带动生态清。

五要切实改进作风。牢固树立"抓作风就是抓事业"的理念，营造"团结、紧张、严肃、活泼"工作氛围，让埋头干的氛围更浓，让抓发展的劲头更足。要"提神"，进一步坚定信心，振奋精神，以"昼无为而夜难寐"的责任感、"一万年太久、只争朝夕"的紧迫感，奋力比学赶超，全力争先进位，为阳泉拼出光明未来。要"提标"，进一步抬高标尺、勇争一流，对标全国、全省先进水平，高标准、严要求做好各项工作，决不能因循守旧、故步自封，决不能日复一日、年复一年"重复昨天的故事"。要"提质"，进一步追求卓越、打造精品，以"没有最好只有更好"的追求，改进工作方式，提高工作质量，不断勇攀高峰。要"提速"，进一步轻装减负、提升效率，让广大干部从繁杂程序、繁文缛节中摆脱出来，集中精力干事创业，用实干实绩跑出发展加速度。要"提效"，进一步压实责任、严明奖惩，提升责任意识、复命意识、交付意识，以严格的督查考核，鞭策空谈者、惩罚误事者、奖励实干者，确保市委决策部署落地见效。

附录 2　推进基层治理现代化要把握好"三个坚持"*

治国安邦，重在基层。基层治理是国家治理的基石，国家治理构筑于多样性的地方治理基础之上。基层治理是否有效，执政基础是否稳固，事关社会和谐稳定，事关经济繁荣发展，事关人民生活幸福。推进基层治理现代化，是适应世界之变、时代之变、历史之变的必然要求，是实现人民对美好生活向往的必然要求。党的十八大以来，以习近平同志为核心的党中央高度重视基层治理，始终把基层治理摆在治国理政的突出位置来抓，推动基层治理现代化水平不断提升。习近平总书记就加强基层治理现代化提出了一系列新思想新理念新要求，强调"基层强则国家强，基层安则天下安，必须抓好基层治理现代化这项基础性工作""只有不断夯实基层社会治理这个根基，才能真正实现社会主义现代化强国的目标""要把抓基层打基础作为长远之计和固本之策，丝毫不能放松"，等等。这些重要论述指导基层治理现代化实践不断取得新成效，持续夯实了国家治理根基。

近年来，阳泉市委认真学习贯彻习近平总书记关于基层治理现代化的重要论述，全面落实山西省委开展抓党建促基层治

* 本文已发表于《国家治理》周刊 2022 年 10 月上（注：作者雷健坤为中共阳泉市委书记）。

理能力提升专项行动的决策部署，强化党建引领，主动问需于民，深化改革创新，有效整合资源要素，加快破解顽瘴痼疾，积极探索基层治理新路径新举措，形成了同心抓党建、合力促治理的生动局面，赢得了基层干部群众的普遍拥护支持，为党的二十大胜利召开营造了和谐稳定的社会环境。

推进基层治理现代化，必须坚持
党的领导这一根本要求

习近平总书记指出："中国特色社会主义最本质的特征是中国共产党领导，中国特色社会主义制度的最大优势是中国共产党领导。"坚持党的领导，是党和国家的根本所在、命脉所在，是全国各族人民的利益所系、命运所系。党的十九届六中全会通过的《中共中央关于党的百年奋斗重大成就和历史经验的决议》总结中国共产党百年奋斗的历史经验，第一条就是"坚持党的领导"，强调"充分发挥党的领导政治优势，把党的领导落实到党和国家事业各领域各方面各环节"，这昭示我们，加强和创新社会治理，进一步推进基层治理现代化，关键是要加强党的全面领导。

推动党的领导体系贯通联动。党的领导贯穿国家和社会各领域、各部门，在此过程中形成的强大政治牵引和政治整合力量，能够促进各项具体机制实现联动配合、整体发力。确保党始终总揽全局、协调各方，基层治理也就有了"主心骨"。在基层治理中，市级党委要发挥"总指挥部"作用，总揽市域全局，明确目标任务，做好顶层设计，统筹调度资源，优化治理系统；县区党委要发挥"一线指挥部"作用，抓好对市委部署安排的落实，蹚出具有县域特色、高效有力的治理路径；乡镇（街道）党（工）委要发挥"前线指挥所"作用，全面加强基层政权能力建设，增强行政执行能力、为民服务能力、议事协商能力、应急管理能力、平安建设能力，更好实现对基层各类组织和各项工作的统一领导；村（社区）党组织要发挥"战斗堡垒"作用，加强村（居）民委员会规范化建设，健全村（居）民自治机制，增强组织动员能力，优化服务格局，规范财务管理，发展壮大村级集体经济，把党的领导贯穿基层治理的全过程、各方面。今年以来，阳泉市以开展抓党建促基层治理能力提升专项行动为契机，将中央、省委部署要求与阳泉实际紧密结合，出台"5＋5"系列文件，健全完善党组织"四级联动"领导体系，跟进建立调度指导、领导包联、督导考评等推进机制，形成了市县乡村联动贯通大抓基层治理的系统势能。

推动党的组织体系延伸覆盖。欲筑室者，先治其基。习近平总书记指出："党的力量来自组织。党的全面领导、党的全部工作要靠党的坚强组织体系去实现。"加强党的全面领导，就是要推动党的组织和党的工作向基层有效延伸覆盖，健全基层党组织工作体系，为基层治理现代化提供坚强保证。阳泉市作为"全国城市基层党建示范市"，持续深化街道大工委—社区大党委—网格党支部—楼栋党小组—党员中心户"五级架构"，构建了"四联四共"党建联盟机制，推进驻地单位与街道社区常态化联建共建；以大联动、微治理为特色，创新开展"微网格"建设，形成"格不漏户、户不漏人"的党建引领网格治理体系，在疫情防控、风险隐患排查中发挥重要作用，实现了基层治理服务半径由"最后一公里"向"最后一米"的迭代。阳泉市还积极开展"联村党委"功能拓展试点工作，产业合作、文化联创、治理协同、村社企联建等经验逐步成熟，形成了"组织联建、工作联抓、资源联享、力量联强"的共建共治共享新模式，推动实现协同治理、抱团发展、共同富裕，不断把组织优势转化为基层社会治理效能。

推动党建阵地功能外延拓展。在基层治理现代化过程中，党的组织要实现有形有效覆盖，必须积极拓展党建工作的内涵和外延，不断完善党建引领的社会参与制度，充分发挥党建在基层各项工作中的引领性作用，优化资源配置，搭建区域化党建平台，培育扶持公益性、服务性、互助性社会组织，让基层治理在党的全面领导下焕发出新的活力。阳泉市高标准建设市级"两新"组织党建中心，创新实施"五制五化"运行机制，打造集教育培训、政策咨询、党群服务、团建拓展等功能于一体的孵化服务平台。同时，在人口集中小区延伸设立党群服务站点，打造快递员之家等新就业群体服务中心（站），有力促进了新社会组织、新就业群体参与基层治理。

推进基层治理现代化，必须坚持依法治理这一基本原则

依法治理是党建引领基层治理的必然要求，基层治理的法治化水平直接影响着国家治理现代化水平，也影响着社会主义法治国家建设。习近平总书记强调："要坚持在法治轨道上推进国家治理体系和治理能力现代化。"《中共中央国务院关于加强基层治理体系和治理能力现代化建设的意见》也对"推进基层治理法治建设"作出明确部署。基层治理必须要在宪法和法律的框架内进行，必须充分发挥法治固根本、稳预期、利长远的保障作用，积极运用法治思维和法治方式破解基层治理难题，努力推动基层治理循法而行、依法而治。用足用好地方立法权。地方立法工作是推进经济社会稳步向好的重要保障，要用足用好地方立法权，更好地发挥地方立法对改革发展的引领和推动作用。2015 年《中华人民共和国立法法》修改后，赋予了所有设区的地级市地方立法权，目的在于充分释放地方立法针对性强、具体明确和便于操作执行的特点，提高立法精细化精准化水平，全面回应人民群众的新期待，多维度推进民主法治新进程。阳泉市是我党亲手创建的第一座人民城市，也是典型的资

源型老工业城市。近年来，随着城市智能化、产业数字化转型步伐加快，阳泉市在发展中面临着优质公共服务供给不足与进城人口增长较快、城镇容积有限与人车密集、疫情防控常态化与基层村社力量不足等诸多亟待破解的矛盾。阳泉市紧紧围绕市域基层治理和民生关注热点，坚持体系化联动、碎片化整合、精细化破题，先后出台涉及道路交通、污染防治、红色文化保护等方面的地方法规，突出特色，靶向发力，以"小切口"促进"大治理"。

精细精准明晰基层权责。持续推进基层治理体系完善，必须围绕基层法治政府和服务政府建设，明确基层治理的主体结构、主体之间的权责关系和功能定位，实现基层政权权责关系与治理能力结构相匹配，把与基层工作和基层社会服务密切相关的权力下放到基层，把不属于基层的责任和任务剔除出去。今年以来，阳泉市以开展抓党建促基层治理能力提升专项行动为契机，通过梳理市县乡村四级"制度清单"，新建、修订完善相关制度，全面延伸法治化治理触角。同时，积极推进为基层减负工作，减少取消与社区无关的考核评比事项，明确基层群众性自治组织出具证明事项清单，让基层回归服务自治本位，让基层干部有更多精力抓基层治理、促乡村振兴。

从小从快源头化解矛盾。习近平总书记指出："治国安邦重在基层，党的工作最坚实的力量支撑在基层，最突出的矛盾和问题也在基层。"基层是社会治理的基础和支撑。推进社会治理现代化，要运用法治精神审视基层社会治理、运用法治思维谋划基层社会治理、运用法治方式破解基层社会治理难题，打出依法治理"组合拳"，努力使循法而行成为全体公民的自觉行动。近年来，阳泉市深入推进全国市域社会治理现代化试点工作，持续加强村规民约、居民公约建设，打造人大代表联络站，推动村居法律顾问制度落实，实现一居（村）一律师，运用法治方式、法律手段破解基层治理难题、化解基层矛盾纠纷，特别是探索出婚姻家庭矛盾纠纷"五色"分级预警处置机制、"一站式"多元解纷和分调裁审机制等经验，获得最高院周强院长、省委林武书记批示，推动基层治理在法治轨道上。同时，创建民主法治示范村（社区），形成了一批自治组织健全、民主管理制度完善、基层组织运行规范的示范样板，依靠群众就地化解矛盾，积极将社会矛盾纠纷化解在基层，基本实现小事不出村、大事不出镇、矛盾不上交，全面夯实全方位高质量发展根基，不断擦亮群众幸福底色。

推进基层治理现代化，必须坚持改革创新这一内生动力

人类文明发展经验深刻表明，创新是一个民族、国家走向富强和兴旺发达的不竭动力，是一个政党保持卓越和永葆活力的基因密码。《中共中央国务院关于加强基层治理体系和治理能力现代化建设的意见》作为新时代基层治理现代化的纲领性文件，十分重视基层治理改革创新，强调"以改革创新和制度建设、能力建设为抓手""鼓励基层治理改革创新"。基层治理作为一项复杂的系统工程，必须要以回应基层关切为源头，以紧贴基层实践为路径，以解决具体问题为目标，根据时与势的变化聚焦聚力改革创新，积极破解制约基层治理的顽瘴痼疾，全面提升基层治理效能。始终坚持问题导向。问题是创新的起点，也是创新的动力源。习近平总书记指出："坚持问题导向是马克思主义的鲜明特点。"坚持问题导向，实质上是一个及时发现问题、科学分析问题、着力解决问题的过程。推进基层治理现代化，必须坚持问题导向，将基层治理工作中存在的问题作为创新基层治理方式的切入点和突破口，通过查找问题补短板，解决问题强弱项，着力在不断发现问题、解决问题中提升基层治理成效，切实打通影响群众切身利益的堵点、痛点、难点，不

断推动基层治理日趋精细，为全面推进社会主义现代化建设奠定坚实的基层基础。例如，针对村级集体经济发展缺人才缺项目缺资金、影响群众增收致富的问题，阳泉市出台"1+4"系列政策文件，设立1000万元专项扶持资金，开设农村党组织书记能力提升长训班，开展乡村两级书记抓集体经济"大比武"、百名人才进百村等活动，多措并举推动村级集体经济发展壮大，集体经济收入总额和发展增速取得良好成效。

始终坚持系统导向。基层治理是一项繁杂庞大的系统工程，单纯依靠任何一个主体力量都无法独立完成，需要依靠多方主体共同参与、发挥各自作用，在此基础上形成总体效应、增强整体合力、取得总体效果。但在基层实践中，各部门各单位往往把落实本系统的工作目标作为首要任务，容易出现"多头管理""无人负责"的问题，导致上头"政策冲突"、下头"左右为难"，其根本原因还是基层治理工作中系统性整体性谋划推动不够、凝聚工作合力路径不畅。对此，习近平总书记指出，"要打造共建共治共享的社会治理格局"。其中，"共建""共治""共享"分别反映了依靠谁、怎么办、为了谁的问题，是推进基层治理系统化的具体抓手。近年来，阳泉市聚力推动新型智慧城市示范工程建设，着力打造"城市大脑"，对全市上云系统数据库资源进行统一控制管理，逐步构建横向互联、纵向贯通的应急体系，建设智慧社区综合平台，实现城区、矿区、郊区智慧社区全覆盖，全面提升基层治理智能化系统化集成化水平。

始终坚持结果导向。基层治理成效最终体现在广大群众关心的问题有没有得到解决。坚持结果导向作为保证党和政府立信于民、取信于民、赢得人民的必然要求，就是要看我们改革发展的最终成果是不是更多更公平地惠及最广大人民群众，得到人民的认可。推进基层治理现代化，要以群众需求为目标，听民声、接民诉、解民忧、化民怨、帮民困、顺民意，了解和掌握群众所思所想所盼，落实和解决群众所急所忧所难，构建科学有效的基层治理体系，不断提升服务的质量和水平，增强基层群众的参与感、获得感、幸福感和安全感。同时，要着力补短板、强弱项、建机制、提能力，以化解矛盾纠纷、信访问题为抓手，主动适应经济社会发展新要求，积极探索新形势下基层社会矛盾纠纷规律特点，进一步强化街道、社区、相关单位联动机制，将工作触角延伸至基层网格，有效拓展矛盾调处覆盖面，聚焦人民群众的需求，为人民创造更加幸福的美好生活。近年来，阳泉市常态化推进驻区单位和在职党员"双报到"，党员认领群众微心愿，为群众办实事、办好事，同时聚焦人民群众反映集中的物业管理问题，加快物业管理立法步伐，成立市县两级物业行业党委，引深开展社区、物业企业党建联建和红色物业创建等工作，积极搭建居民、物业、社区三方议事协商平台，积极回应居民需求，改进提升服务质量，有效增强了群众幸福感和满意度。

附录3 "党建引领基层治理现代化"调查问卷

尊敬的先生/女士：

您好！为了解我国党建引领基层治理创新实践的基本现状，中国社会科学院政治学研究所周庆智教授项目组邀请您参与我们的调查。请您以自填的方式回答下列问题，并将您认同的答案序号填入预留的括号中。本次调研结果仅用于科学研究，绝不会以个案形式对外公布，对于您的回答我们将严格保密。感谢您的大力支持！

第一部分

（人口学部分）

第二部分

1. 过去一年您参与协商会、听证会、恳谈会等活动的次数？（单选）

　①0 次　　②1—4 次　　③5—12 次　　④12 次以上

2. 请您阅读以下的题目，并根据自身的真实情况与想法，在相应选项对应的数字后面画"√"。（请不要错填或漏填）

	非常不同意	比较不同意	一般	比较同意	非常同意
当人们内部之间发生矛盾冲突时，党组织是化解问题的主要主体	1	2	3	4	5
党组织可以公平、公正地处理矛盾和冲突	1	2	3	4	5
党组织可以有效地化解矛盾和冲突	1	2	3	4	5
对于党组织的解决方法，人们是认同和支持的	1	2	3	4	5

3. 您认为，本地党组织的宣传工作在哪个方面问题最为突出？（单选）

①与现实生活关系不密切　②宣传的形式过于单一

③宣传的内容缺乏创新　④党员干部不重视宣传工作

4. 您所在的村（社区）的宣传栏中哪两类内容占比最大？（限选两项）

①村（社区）信息公开　②报纸

③本村（社区）居民和周围商家的广告

④党史、党建和党的精神宣传

⑤文娱活动信息

5. 近一年内，您向基层党组织或身边党员反映了多少次形式主义、官僚主义等问题？（单选）

①0次　②1—3次　③4—8次　④8次以上

6. 在日常生活中，您所在的村（社区）内经常参与公益事业和义务劳动的党员数量多吗？（单选）

①党员几乎不经常参与　②较少党员经常参与

③一半党员经常参与　④较多党员经常参与

⑤几乎全部党员经常参与

7. 您认为，当前推进本地民众意见表达工作的短板在哪里？（单选）

①表达渠道单一或难以获得方便的表达渠道

②反馈渠道单一

③反馈内容不能让人满意

④民众对身边的问题和意见表达漠不关心

8. 您最希望本地党组织加强对党员的哪两个方面的思想教育？（限选两项）

①共产主义信仰

②政治意识、大局意识、核心意识、看齐意识

③清廉作风　　　　④全心全意为人民服务的宗旨

⑤党内民主

9. 请您阅读以下题目，并根据自己的真实情况与想法，在相应选项后的数字上画"√"。（请不要错填或漏填）

	效果明显	效果一般	效果不明显	没有效果	不了解
您认为，本地基层党组织党员责任区、示范岗、便民服务岗等线下活动	1	2	3	4	5
您认为，本地基层党组织党员结对帮扶群众活动	1	2	3	4	5
您认为，本地基层党组织的线上群众工作平台	1	2	3	4	5
您认为，本地基层党组织保障群众在公共决策中行使知情权、表达权、监督权	1	2	3	4	5

10. 您认为，党组织的指导思想、工作方针、文化理念在您所在的村庄（社区）的普及程度如何？（单选）

①基本实现全覆盖，普及程度高

②覆盖了大部分人，普及程度较高

③只有一部分的人知道，普及程度一般

④完全不了解，普及程度较低

⑤不太清楚

11. 在脱贫攻坚方面，您认为以下哪个主体在实践中发挥作用最大？（单选）

①市县政府部门　　　　②村（居）委会

③企业（公司）　　　　④党组织和党员干部

12. 请您阅读以下题目，并根据自己的真实情况与想法，在相应选项后的数字上画"√"。（请不要错填或漏填）

	完全不符合	比较不符合	有点不符合	有点符合	比较符合	完全符合
居住在这个村（社区），生活很便利	1	2	3	4	5	6
我很认可这个村（社区）的管理水平	1	2	3	4	5	6
这个村（社区）的党建工作做得很好、很实际	1	2	3	4	5	6
与其他地方相比，这里的村（社区）环境条件令人满意	1	2	3	4	5	6
居住在这个村（社区）符合我们家庭的需求	1	2	3	4	5	6
我居住的村（社区）对我有特殊的情感意义	1	2	3	4	5	6
村（社区）让我有家一样的感觉	1	2	3	4	5	6
我很在意别人对自己村（社区）的看法	1	2	3	4	5	6

13. 请您阅读以下题目，并根据自己的真实情况与想法，在相应选项后的数字上画"√"。（请不要错填或漏填）

	完全不可信	相当不可信	有点不可信	有点可信	相当可信	完全可信
您认为，目前党中央、国务院	1	2	3	4	5	6
您认为，现在的地方政府	1	2	3	4	5	6
您认为，现在的村（居）委会	1	2	3	4	5	6
您认为，现在的党员和党组织	1	2	3	4	5	6

14. 在推进党组织工作能力提升中，您认为在以下哪方面发力最重要？（限选两项）

①严格按照上级计划、目标、任务开展活动

②党委书记亲自抓，班子成员齐抓共管

③坚持为人民服务的根本宗旨

④根据政策宗旨适时创新

⑤能够打通最后一公里，将事做实

15. 您认为通过哪些方式可以较好提升基层党组织的社会号召力？（限选两项）

①以基层党组织的组织建设带动各种社会组织建设，最大限度地把各种资源动员起来

②拓展群众参与决策、表达意愿、监督基层党组织和干部的渠道，推进基层民主建设

③加强基层党组织的作风建设和反腐倡廉工作

④强化基层党组织的思想政治工作，提升党组织的文化引导

⑤加强对基层党组织的党员队伍建设，保持党员队伍的先进性和纯洁性

16. 您认为，您所接触的基层党组织是否具有正气充盈、担当作为的政治生态氛围？（单选）

①非常具有　　　②比较具有　　　③一般

④比较缺乏　　　⑤非常缺乏

17. 在过去一年中，您是否参加过志愿服务活动？（单选）

①经常参加　　　②偶尔参加　　　③从未参加

18. 您认为，在实践中，您所居住的村（社区）党支部书记当选最重要的因素是？（单选）

①经济实力　　　②家族支持　　　③上级认可

④政治可靠　　　⑤人品道德　　　⑥个人能力

19. 根据您的亲身经验，您认为，您所在的基层党组织在执行各大项目任务中集中优势力量、充分动员社会资源的能力有多强？（单选）

①非常强　　　②比较强　　　③一般

④比较弱　　　⑤非常弱

20. 请您阅读以下题目，并根据您生活的社区（村）所在地的真实情况，在相应选项后的数字上画"√"。（请不要错填或漏填）

	非常不同意	不同意	有点不同意	一般	有点同意	同意	非常同意
干部和群众关系紧张	1	2	3	4	5	6	7
党员越来越发挥不了模范引领作用	1	2	3	4	5	6	7
贫富差距越来越大	1	2	3	4	5	6	7
违法犯罪越来越多	1	2	3	4	5	6	7
经济纠纷越来越多	1	2	3	4	5	6	7
村民（社区居民）越来越自私了	1	2	3	4	5	6	7
村里（社区）年轻人越来越少	1	2	3	4	5	6	7
赡养老人的越来越少	1	2	3	4	5	6	7
村里（社区）生存环境越来越差	1	2	3	4	5	6	7

续表

	非常 不同意	不同意	有点 不同意	一般	有点 同意	同意	非常 同意
社会治安越来越差	1	2	3	4	5	6	7
社会风气越来越差	1	2	3	4	5	6	7
村里（社区）公共文化生活越来越少	1	2	3	4	5	6	7
在村里（社区）住的人越来越少	1	2	3	4	5	6	7

参考文献

一 著作类

《习近平谈治国理政》,外文出版社2014年版。

《习近平关于全面从严治党论述摘编》,中央文献出版社2016年版。

习近平:《决胜全面建成小康社会 夺取新时代中国特色社会主义伟大胜利——在中国共产党第十九次全国代表大会上的报告》,人民出版社2017年版。

《习近平在全国组织工作会议上的讲话》,人民出版社2018年版。

习近平:《高举中国特色社会主义伟大旗帜 为全面建设社会主义现代化国家而团结奋斗——在中国共产党第二十次全国代表大会上的报告》,人民出版社2022年版。

胡伟:《政府过程》,浙江人民出版社1998年版。

《建党以来重要文献选编(1921—1949)》(第一册),中央文献出版社2011年版。

《建党以来重要文献选编(1921—1949)》(第六册),中央文献出版社2011年版。

《建党以来重要文献选编(1921—1949)》(第七册),中央文献出版社2011年版。

林尚立:《当代中国政治形态研究》,天津人民出版社2000年版。

萨托利:《政党与政党体制》,商务印书馆2006年版。

杨光斌：《政治变迁中的国家与制度》，中央编译出版社 2011 年版。

赵晓呼：《政党论》，天津人民出版社 2002 年版。

周庆智：《中国县级行政结构及其运行——对 W 县的社会学考察》，贵州人民出版社 2004 年版。

周庆智：《县政治理：权威、资源、秩序》，中国社会科学出版社 2014 年版。

周庆智：《在政府与社会之间：基层治理诸问题研究》，中国社会科学出版社 2015 年版。

周庆智：《乡村治理：制度建设与社会变迁》，中国社会科学出版社 2016 年版。

周庆智：《中国基层社会自治》，中国社会科学出版社 2017 年版。

周庆智：《官治与民治：中国基层社会秩序的重构》，社会科学文献出版社 2019 年版。

二　论文类

习近平：《在纪念毛泽东同志诞辰 120 周年座谈会上的讲话》，《党的文献》2014 年第 1 期。

金所军：《推进资源型城市基层治理现代化的阳泉探索》，《国家治理周刊》2022 年第 1 期。

景跃进：《将政党带进来——国家与社会关系范畴的反思与重构》，《探索与争鸣》2019 年第 8 期。

郭定平：《政党中心的国家治理：中国的经验》，《政治学研究》2019 年第 3 期。

梁海森、桑玉成：《政党中心的基层社会治理模式比较研究——基于新加坡、马来西亚和越南的案例分析》，《国际观察》2021 年第 3 期。

周庆智：《改革与转型：中国基层治理四十年》，《政治学研究》2019 年第 1 期。

后 记

本研究报告由中国社会科学院政治学研究所研究员周庆智的研究团队与山西省阳泉市委组织部合作，在对阳泉市党的组织力建设实践进行实地调研和问卷调查的基础上完成的。

本研究报告由周庆智教授围绕阳泉市党的组织力建设这个主题进行策划、立论并提供撰写提纲，最后由周庆智教授统筹、定稿和审订。

承担本研究报告各部分撰写工作的人员情况如下：前言、第一部分、第二部分、第七部分：周庆智（中国社会科学院政治研究所研究员）；第三部分、第四部分：刘杨（西安翻译学院副教授）；第五部分：周庆智、刘杨。问卷调查数据分析由刘杨、丛瑞安（北京大学政府管理学院研究生）、李梓琳（中国社会科学院大学学生）承担。实地调研资料整理由刘杨、丛瑞安、李梓琳完成。

本研究报告的完成得到阳泉市广大干部群众的大力支持和配合，参与人员众多，恐有疏漏，故不一一列出名字，在此一并致谢。

作者

2022 年 12 月

周庆智，法学博士，中国社会科学院政治学研究所研究员，中国社会科学院大学（研究生院）教授，南昌大学特聘讲座教授，西安翻译学院客座教授，研究领域为政治社会学、社会人类学、历史学，研究方向为中国地方政治、社会治理与社会转型，主持完成国家社科基金重点项目、国家社科基金一般项目、中国社会科学院重大项目、中国社会科学院重点项目、教育部哲学社会科学研究重大课题攻关项目等多项课题。出版中文学术专著《中国县级行政结构及其运行——对 W 县的社会学考察》《中国基层社会自治》《官治与民治：中国基层社会秩序的重构》等 10 部，英文专著 *Official Governance and Self-governance：The Reconstruction of Grassroots Social Order in China*（帕尔格雷夫·麦克米伦出版公司，2022 年版）1 部；担任《中国政治参与蓝皮书》（2012—2018）系列 7 部执行主编，在权威期刊等发表学术论文 130 余篇，其中 50 余篇为《新华文摘》《中国社会科学文摘》、人大复印报刊资料等转载。

刘杨，西安翻译学院副教授，北京师范大学博士，北京师范大学国际中文教育学院学位论文评审专家，西安翻译协会会员，香港浸会大学访问学者。主要研究领域为文化比较研究，研究方向为语言政策和民间文化交流。参与国家级项目 2 项；主持省部级项目 3 项，教育部协同育人项目 1 项，地市级项目 2 项；参与省部级项目 3 项，横向课题 2 项，教改课题 1 项。出版学术著作 3 部、教材 1 部，在核心期刊发表学术论文 30 余篇。